新时代教育高质量发展书系
XINSHIDAIJIAOYUGAOZHILIANGFAZHANSHUXI

U0724715

家校共育

幼儿教师与家长沟通术

徐大众 编著

北方联合出版传媒(集团)股份有限公司

万卷出版有限责任公司

图书在版编目（CIP）数据

家校共育：幼儿教师与家长沟通术 / 徐大众编著

. -- 沈阳：万卷出版有限责任公司, 2024.3

ISBN 978-7-5470-6445-0

Ⅰ. ①家… Ⅱ. ①徐… Ⅲ. ①学前教育—合作—家庭

教育 Ⅳ. ①G616

中国版本图书馆CIP数据核字(2024)第033311号

出版发行：北方联合出版传媒（集团）股份有限公司

万卷出版有限责任公司

（地址：沈阳市和平区十一纬路29号　邮编：110003）

印 刷 者：三河市长城印刷有限公司

经 销 者：全国新华书店

幅面尺寸：170mm×240mm

字　　数：150千字

印　　张：12

出版时间：2024年3月第1版

印刷时间：2024年3月第1次印刷

责任编辑：李依真

责任校对：刘　洋

ISBN 978-7-5470-6445-0

定　　价：49.80元

联系电话：024-23284090

传　　真：024-23284448

前言

随着时代的变迁和社会的发展，教育理念也在不断地发生着变化。时代变了，思维方式变了，教育者就要知势、知变、知未来，把握教育发展的新风向、新征程、新使命。党的二十大报告中明确提出，"办好人民满意的教育""强化学前教育、特殊教育普惠发展"。

党的十九大以来，随着教育质量水平的不断提升，中国教育进入了高质量发展阶段。教育高质量发展作为教育发展新阶段的根本诉求，是回应人们对优质均衡教育需求的现实路径。

中国教育事业发展追求的基本目标之一就是教育质量的提升，走高质量发展之路也是教育事业转型为内涵发展的必然选择。为保障学前教育实现从"有质量"到"高质量"的转变、从"外延式"到"内涵式"的转向，为扎实推进"十四五"规划对学前教育发展要求的落实和执行，各级教育部门要切实帮助更多幼儿园提高办园质量，推进学前教育高质量发展。

当今，随着社会的发展、科学技术的进步、文学艺术的繁荣、知识门类的增多，教育事业得到了迅猛的发展；与此同时，人们对幼儿教育越发重视，幼儿教育蔚然成风。在这种潮流下，人们注重的是孩子对技能的学习，却忽视了道德情操、举止言谈、行为习惯和意志品质的教育培养。

幼儿是祖国的花朵，是我们未来的希望。幼儿教育为孩子们的一生奠定了坚实的基础，在其成长历程中有着举足轻重的作用。

《幼儿园教育指导纲要》中明确指出："幼儿教育是基础教育的重要组成部分，是我国学校教育和终身教育的奠基阶段。城乡各类幼儿园都应从实际出发，因地制宜地实施素质教育，为幼儿一生的发展打好基础。"

幼儿教育是基础教育、启蒙教育，幼儿园是孩子们走进社会的第一站。人生最初的几年，决定和影响着其一生的发展，是其道德观念、行为习惯形成的关键期，而幼儿教师是这个时期对其产生影响的关键人物。

新的时代，赋予幼儿教师全新的使命，推动学前教育高质量的发展。

为此，我们编写了"新时代教育高质量发展幼教书系"。这套丛书共10册。本丛书立足于我国当前幼儿教育新形势，遵照党的二十大报告中提出的"加快建设高质量教育体系""强化学前教育、特殊教育普惠发展"的指导方向，并结合2018年中共中央、国务院印发的《关于学前教育深化改革规范发展的若干意见》等有关幼儿教育的文件要求，由一批国内幼儿教育方面的专家策划完成。本丛书广泛吸收我国幼教专家的先进经验和实践成果，以科学性、指导性、实用性为原则，以解决教师实际问题、提高教师教学技能、促进教师专业发展为宗旨，为幼儿教师提供了掌握正确教学方法的科学途径。愿这套丛书能成为广大幼儿教师不断提高核心素养的良师益友。

目录

专题一

家校共育和家校沟通的重要性

　　家长是幼儿的第一任教师，也是幼儿教育的重要力量。《幼儿园教育指导纲要》指出："家庭是幼儿园重要的合作伙伴。应本着尊重、平等、合作的原则，争取家长的理解、支持和主动参与，并积极支持、帮助家长提高教育能力。"教育家苏霍姆林斯基说过："两个教育者——学校和家庭，不但行动要一致，要向幼儿提出相同的要求，而且要志同道合，持着相同的信念，始终从同一原则出发，不论在教育的目的上、过程上，还是手段上，都不要产生分歧。"只有这样，才能有助于幼儿健康人格的培养，有助于幼儿学习成绩的提高。

主题1　家校共育存在的重要作用

导语

　　幼儿教师教学对启迪幼儿智慧有重要作用，将对幼儿的一生产生巨大的影响。而家庭不仅是幼儿出生成长的重要场所，还是辅助幼儿教师教学的重要一方。幼儿教师应加强与家长的有效合作，促进幼儿的健康成长。因此，幼儿教师应该积极开展家校共育活动，为幼儿的成长成才提供良好的环境，创造出相应的条件等；同时，幼儿老师应与家长建立起共同的培育目标，加强沟通与协调，从而促进家校共育的长远发展。

一、家校共育的含义及类型

　　孩子进入幼儿园之后，教育幼儿的责任将由家庭和幼儿园来共同承担。只有家庭教育与学校教育这两大主要环境，朝着相同的目标共同协作、密切配合，即家校合作，才能培养出符合社会要求的人才。

　　1. 家校共育的含义

　　所谓家校共育是指幼儿园和家庭都把自己当作促进幼儿发展的主体，双方都积极主动地相互了解、相互配合、相互支持，通过幼儿园与家庭的双向互动共同促进幼儿的身心发展。

2. 家校共育模式

通过许多专家学者不断地探索，目前，家校共育模式主要包含会所模式和亲子平行小组模式。会所模式，简单地说就是幼儿园为引导的一方，家庭为参与的一方，共同完成某一项活动。举个例子来说，幼儿园请有厨艺特长的幼儿家长来到幼儿园，让幼儿家长与自己的孩子一起制作美食。幼儿在这一过程中不仅提高了自己的动手能力，还可以加强与自己家长的互动，加深了彼此之间的感情。而亲子平行小组模式则是指幼儿园将幼儿与幼儿的家长分为两组，通过一些活动，让这两个组相互协作或者相互竞争。

二、家校合作的理论基础

家校共育是幼儿健康成长的基础，是幼儿园工作的重要环节。在幼儿园里，幼儿教师能否做好与家长的沟通工作是衡量其工作成绩的条件之一。因此，我们有必要从有关家校合作的理论基础入手，探究家校共育的内涵。

1. 交叠影响域理论

美国霍普金斯大学的全美家校合作联盟研究中心主任兼首席科学家艾普斯坦从指导和改善实践的立场出发，提出交叠影响域理论，以指导家校合作实践。该理论强调以幼儿为中心，以学校为主导作用，并发展和构建了以当好家长、相互交流、志愿服务、在家学习、参与决策和与社区合作为主体的六种实践类型，来指导学校开展均衡、全面的家校合作，从而建立家庭般的学校、学校般的家庭、学校般的社区以及家庭般的社区。这三者之间建立起的新型伙伴关系，能够帮助教师更好地工作，增进学校的管理和教学效能，提升家长培育子女的能力，促进家庭、学校和社区在幼儿教育中获得成功。

2. 社会生态学理论

美国学者布朗芬布伦纳从生态学的视角研究了人的发展。他将人的发展置于一个相互联系、相互影响和相互作用的生态系统中，并探究这个生态系统中各要素之间的相互影响以及其对人的发展所产生的作用。布朗芬布伦纳认为，人的发展一般要受到四个生态系统的制约，即微观系统、中间系统、外部系统和宏观系统。幼儿的发展也受到与其有直接或间接联系的生态系统的影响，其中，家庭和幼儿园是两个微观系统。家庭、学校与社区就是学前教育的外部系统，依据系统论的观点，这三方面就是影响学前教育的因素，它们之间相互联系、相互作用的程度越高，对幼儿的发展就越有利。

3. 合作学习理论

合作学习理论是多伊奇在温勒的群体动力学理论的基础上提出来的。合作学习是指充分尊重学生人格，通过丰富多彩的交往活动，不仅为学生提供一个自由和谐的学习环境，而且将主体间的社会交往纳入认知学习过程中，建立起群体合作学习关系。合作学习将幼儿从被动的受教育地位转变到主动的求知探索地位上来，这种转变要求教师无论在生活中还是在教学活动中都要在幼儿面前展示新的形象。教师应本着"平等、尊重、信任"的原则，"蹲下来和幼儿说话"，尊重每一个幼儿，主动向幼儿学习，并以同伴的角色参与幼儿活动，与幼儿共同探究问题、解决问题，建立新型的师幼关系。根据合作学习理论，家庭和幼儿园也要建立一种相互接纳、相互理解的合作、民主、平等、和谐的关系，拉近双方的情感距离，激发双方学习交流的积极性，促进双方更新教育观念，提升合作水平。

4. 自我概念理论

自我概念理论是由美国学前教育专家E. L. 埃斯萨等人提出的。该理论认为，儿童环境是由家庭、学校、社区这三个同心圆组成，最靠近儿童的同心圆是家庭及其成员，第二个同心圆是学校及其小伙伴，最外面的一个同心圆是社区及社区帮手。儿童的学习范围是从自己（如身体的认识）、家庭（如家庭成员）扩展到学校（如幼儿教师和小伙伴）、周围的生活环境（如社区及社区中的工作人员）的。随着儿童年龄的增长，他会越来越对其所生活的家庭、幼儿园、社区的生活感兴趣。这三者的联系越密切，就越有助于幼儿形成积极的自我概念。因此，应循序渐进地扩大幼儿的视野，帮助幼儿走向外部世界。教育者之间应积极沟通，教师、家长和社会应形成良好的合作关系，从而促进幼儿的成长。

以上几个理论较为有力地为家校合作提供了理论基础。在已有的研究中，关于家校合作的研究主要集中在家校合作的重要意义、合作方式、影响因素、合作存在问题、完善策略等几个方面。家校合作是幼儿园和家庭双方积极主动地相互了解、相互配合的过程，能够促进幼儿身心的成长。

三、实行家校共育的意义

过去，父母为了工作、生活，把教育孩子的责任全部丢给教师，就一切都不理了。但现在，随着对家庭环境和家庭教育作用认识的提高，家校共育的思想已逐渐受到人们的关注，并已付诸实践。研究表明：在幼儿时期，家庭对孩子的教育比教师还要重要，没有父母的正确引导，教师教得再好，也是没用的。所以，家校共育理应成为推动幼儿素质教育最值得重视的问题之一。

1. 家校共育可以促进幼儿的全面发展

从孩子降生开始，父母就必须承担起自己的责任，其中最主要的是对孩子的教育责任。家长是孩子学习的榜样，家长的一言一行都会对孩子产生影响。在幼儿进入幼儿园之前，家长已经深深影响了儿童，而进入幼儿园之后，教师承担起教育幼儿的主要责任，教育者由家长变为教师，这发生了翻天覆地的变化。

在这一时间内，幼儿同时接受着父母和教师的双重教育。这其中会产生一定的碰撞与冲突，幼儿在短时间内会很不适应，甚至影响其心理状态。为了解决这一问题，必须实现幼儿园和家庭的双双联手，教师与家长相互协作。只有这样，才会给予幼儿正规且正确的教育，从小打好正确教育的基础，使幼儿拥有一个健全的人格，促进幼儿的全面发展。

2. 家校共育可以整合教育资源

幼儿园与家庭都有一个共同的目的，就是培育幼儿成人成才。家校共育可以在很大程度上整合教育资源并且融合相异的教育方法和教育理念。幼儿园是育儿的重要场所，在这里，家长可以学到科学的幼儿理论，也会了解到其他家长的优秀的幼儿经验，比较差异，进行沟通与交流。在幼儿园内，教师观察和教育幼儿，并将幼儿情况及时反馈给幼儿家长，使家长及时掌握幼儿的动态；同样，教师也可以从家长那里获取幼儿在家时的表现，遇到问题及时解决，具体问题具体分析，因材施教。

案例分析

案例：家长喜欢家校共育模式

家长1："我越来越喜欢参与幼儿园组织的活动了，像家长开放日啊，家长会啊，我从不缺席，有什么家长可以进入幼儿园参加的活动或是老师需要家长帮忙时，我都非常积极地报名，都快上瘾了！"

家长2："我跟着老师学了很多科学育儿知识，掌握了一些家庭教育方法。如今我不仅能科学地教育自己的孩子，同事教育孩子时遇到什么问题都会向我咨询。我觉得我都能算半个幼儿教育专业人士了。我很自豪！"

家长3："在老师的指导下，我解决了孩子成长过程中遇到的一些问题，比如挑食啊，爱看电视啊，赖床啊。以前我们都拿孩子没有办法。现在孩子能按时起床，青菜也比以前吃得多了，想看电视也懂得征求我们的意见，时间到了就乖乖地不看了。孩子的这些变化，让我们觉得省心多了。"

家长4："原本我和老师的接触比较少，如今活动开展得多，我和老师也熟悉起来，私下联系得多了，我们蛮聊得来的，感情也蛮好的。现在孩子就要从幼儿园毕业了，我真有点舍不得。"

分析

从上述家长的话语里，我们可以看出：对于家校共育，家长也是十分欢迎的。因此，我们应该努力研究家校共育模式，让家长确实从中有所收获。如果真能这样，那么，家长参加幼儿园开展的家长活动就不是"被参加"，而是天天渴望参加。

主题2　家校沟通基本概述

　　《幼儿园教育指导纲要》中明确指出：新时期家校共育工作是非常重要的。要提高幼儿的素质，单靠幼儿园或是家庭任何一方都是难以实现的。唯有重视教师与家长的沟通工作，让家长主动参与到幼儿的教育中来，使家长和幼儿教师成为共同育儿的合作伙伴，才能有效地提高幼儿园保教工作的质量，促进幼儿全面健康的发展。

一、家校沟通的现状分析

　　家长会上，一位家长抱怨道："我的孩子在幼儿园已经很长时间了，但我到现在对孩子在园的情况一概不知。您看，孩子每天在幼儿园八个小时，晚上接回家和家长也就待上两个小时。孩子回家不太说幼儿园的情况，问老师，老师总说'挺好的'。真不知这'挺好的'到底好到什么程度，我们做家长的该为孩子做哪些准备？"言语之间，充满了对孩子教育的焦虑，对了解孩子在园情况的渴望，对"挺好的"的困惑。这位家长的话，立刻引起了其他家长的共鸣。

　　这是一个关于家校沟通的案例。我们不经意间给家长的一句"挺好的"引起了家长对幼儿园工作的不满。矛盾的根源在于，家长的需求与教师提供的服务质量之间存在差距：家长渴望了解孩子在园的各种情况，要求教师尽量反馈孩子在园表现、发展特点和水平，但是，教师却缺乏这种意识。

沟通是教师的职责，也是幼儿园发展的重要前提。沟通不畅会给幼儿园发展带来很多的问题。遇到问题，教师与家长沟通不能达成一致，使得家长对幼儿园有一些看法，从而造成幼儿的流失。

在幼儿园教育的过程中，总会发生幼儿与幼儿之间的摩擦，比如小朋友之间用玩具打头了、小朋友互相撞一下摔倒了。多数家长会以理解的态度对待这些问题，但也有个别家长由于对孩子过分呵护，在解决问题的时候不能做到客观理性。如果教师不能把自己与家长放在同等位置，而认为自己高高在上，自己的言行就是真理，这样就会降低教师在家长心目中的形象。如今，公办幼儿园数量虽说不能满足幼儿入园的需要，但是一个区域有多家幼儿园已是普遍现象。幼儿是无行为能力的弱势群体，他们上哪一所幼儿园，家长是有决定权的。而作为教育机构，尤其是公办幼儿园，如果因为沟通而影响了幼儿的入园率，对于政府投资的财力、物力是一种损失。

教师不主动与家长沟通，家长也不敢和教师沟通，造成家长不能及时了解孩子的现状，从而使家校不能共同科学育儿。

幼儿刚上小班时，多有不会用勺子吃饭、不会提裤子、大便后不会擦屁股等问题，在教师的照顾和引导下，孩子慢慢学会了这些技能。但是有些孩子，回家后还是要依靠父母做已经学会的事情。比如：萱萱是小班的小朋友，总是在小便后让妈妈提裤子，吃饭时还是让妈妈喂，而在幼儿园，这些事她已经会独立完成了。教师没有与家长及时沟通孩子的这些变化，使得家长还要重复这种教育，这会造成家长对幼儿园的误解。

幼儿教师不能与家长互通科学育儿方法，使教育走弯路，影响孩子一生的发展。在农村学前教育中，小学化教育倾向还很严重，很多幼儿园为了生源，一味地迎合家长的教育理念。很多家长认为，孩子将来上小学，主要靠学业知识取胜，所以很多幼儿园把家长的要求作为教育教学的主要目的。

我国幼小衔接的有关研究结果表明，影响幼儿入学适应的最重要因素是儿童的学习态度、情感、与他人的交往能力、与同学和老师的沟通状况等社会因素；与儿童在小学的语文、数学成绩相关的最高因素也不是他们在幼儿园时学了多少知识，而是他们诸多方面的发展水平。作为教师，要把这些科学的教育理念通过不同的方式与家长沟通，从而达到一种共识，为学前教育发展起到良好的作用。

二、家校沟通的目的和任务

家校沟通的目的和任务是发挥家校各自在教育孩子方面的优势，协调两方教育力量，争取"1+1＞2"的教育效果。其具体任务表现为：

（1）增进家校良性互动，增进彼此之间的情感，为孩子的教育奠定良好的基础。

（2）提高家长的教育水平，更好地促进孩子的发展。

（3）互通孩子教育方面的信息，协同一致，形成合力，更好地促进孩子的发展。

（4）了解家长的要求，更好地服务家长。

（5）改善办园条件，提高办园水平。

三、家校沟通的内容

家校沟通主要包括以下几个方面的内容：

1. 建立经常联系，相互沟通情况，实现同步教育

当某项活动需要家长配合才能取得预期效果时，教师应该向家长介绍该项活动的目的和意义，它需要家长提供哪些方面的支持等；否则，家校不一致，就很难取得预期的教育效果。如在一次"玩具我爱你"主题活动中，老师让幼儿把家中的玩具带来，可是当文文要把家中的遥控汽车带到幼儿园里时，她的妈妈却说："不行，带去肯定会被弄坏的，这可是花好几百块钱买来的呢！"如此一来，教育活动就无法开展，教育目标也就无法达成。

小班的建构活动开始了，琪琪很喜欢彩色的积木，于是她把很多彩色积木堆在自己的面前，还用手护着。小杰跑到她的身边说："让我玩一玩，好吗？"琪琪摇头说："这是我先拿到的。"小杰眼看玩不到积木了，就开始抢琪琪的积木。琪琪发觉形势不妙，便开始大哭："老师，小杰抢我的积木了。"站在远处的谢老师早已把这一切看在眼里，于是快速地来到琪琪身边，说："好玩的积木，要大家一起玩。知道吗？"谢老师一边安慰琪琪，一边将积木分给了小杰。没想到，琪琪用力把积木推倒在地哭喊道："老师欺负我，我要告诉妈妈！"

离园时，琪琪一看见妈妈，就扑过去把这件事告诉了妈妈。妈妈原有的笑容马上严肃起来，说："琪琪不愿意把积木分给小朋友玩，妈妈不喜欢。谢老师批评你，是喜欢你。不信，你去问问谢老师？"琪琪听了妈妈的话，转身半信半疑地问道："谢老师，你喜欢我吗？"谢老师笑着说："琪琪以后能和大家一起玩积木，谢老师会更喜欢琪琪的！"琪琪开心地点了点头。

家校在教育孩子方面达到了高度默契，琪琪的妈妈相信老师，没有听信孩子的话，进而取得了预期的教育效果。

2. 帮助家长提高科学育儿水平

这方面的工作内容主要有：

（1）帮助家长认识幼儿期家庭教育的重要性。

（2）帮助家长树立正确的教育观念。

（3）宣传科学育儿知识。

（4）帮助家长为幼儿的健康成长创设良好的家庭环境。

3. 家长参与

幼儿家长参与幼儿园活动的方式：

（1）家长参与幼儿园教育活动。

（2）家长参与幼儿园管理。

（3）支持并参与幼儿园环境创设的各项活动。

四、家校沟通的基本原则

1. 尊重性原则

家校沟通一定要使每个家长（不管他的经济条件如何，不管他的社会地位如何，不管他有无背景……）感觉到被尊重，否则，很容易引发家校对立，甚至对抗，与家长沟通也就无从谈起。

奇奇的父母离婚后，他妈妈选择自己一个人带儿子生活。由于经济富裕，家里请了四个保姆。她一直认为这样的生活方式非常适合自己，奇奇也非常健康、活泼。她对老师说："自从儿子上了幼儿园后，幼儿园里经常要请父母一起来开展亲子活动。幼儿园的有些课程中涉及家庭，如'我爱我家''我家有几口人''全家福''我爸爸''家庭成员属相大调查'……这些内容都刺激了我的孩子，孩子经常回家说，'××的爸爸来了，我爸爸呢？'你们这样做好像是在逼我给孩子找一个爸爸。"

这是许多教师万万没有想到的——我们的一些教育活动，无形中侵犯了一些家庭的隐私，让孩子及其家长都处于一种窘迫状态。因此，我们在设计家校活动时，一定要考虑该活动是否体现了对所有孩子及其家长的尊重，而不仅仅是对少数或大多数孩子及其家长的尊重。

2. 平等性原则

幼儿教师在与家长沟通时，要让所有家长感受到他们受到了同等的待遇，他们和教师是平等的。教师要用商量、询问等口气与他们沟通，而不是用命令、训斥的口气与他们说话。

其实，不管是普通的工人、农民，还是企业的经理、老板或政府机关的领导，在教师面前只有一种身份，那就是孩子的家长。双方没有人格上的高低贵贱之分，应该在相互理解、彼此尊重的过程中进行交往，任何一方都不能凌驾于对方之上。同时，无论在何种情况下，教师对家长都应一视同仁，平等相待；不能"势利眼"、看人下菜碟，不因家长社会地位的高低而有亲疏之分。

A家长："开家长会的时候，我总误以为是单位里开工作会议。老师就像领导坐在中间，而家长就像职工坐在周围，听着领导部署工作。"

B家长："我很害怕和老师沟通，总觉得自己好像是个学生。像我这样没有什么文化，也没有什么地位的家长，通常不太愿意和老师沟通，老师和我谈话的时候也很少。老师说啥，我照做就是了。"

从上述两位家长的语言可以看出，教师在与家长沟通交流时，是所谓的高高在上的专业人士，家长对于这样的教师只有敬畏，没有心与心的沟通。

如果教师自己也有孩子，可以时常给家长讲讲自己教育孩子时出现的过失，这样有利于"降低"教师的专业高度，家长也就不会觉得和教师在一起不自在了。家长们更愿意和一个"有相同境遇"的人，而不是一个高高在上的专业人士，说他们教育孩子时出现的失误和困难。因为人很少会对那些比我们能干的人说出心里话。

某专家在讲座中提出：幼儿园应该根据家长所处的不同阶层，在幼儿园事务中让其扮演不同的角色。

A.有钱、有文化的——参与管理。

B.有点钱、有点文化的——给话语权。

C.有钱、没文化的——给足面子，多指导。

D.没钱、没文化的——多给做事机会，多指导。

上述主张得到许多园长和教师的共鸣。我不同意这种主张和做法。我觉得，家长在幼儿园管理者和教师心目中只有一种身份，那就是家长；而不是有钱或没钱、有文化或没文化！许多幼儿园家长委员会成了权贵者俱乐部，我认为这是幼儿园教育的一种堕落。

3. 显示爱的原则

让家长感受到你对他的孩子的关爱，家长才会相信你、接纳你，从而毫无理由地支持你的工作。

梓梓已经上中班了。有一天，梓梓的爸爸妈妈来到了幼儿园，高兴地对我说："我们家的梓梓变了，变得懂事多了，爷爷奶奶还说每天早上他总是吵着要上幼儿园。我们问他为什么，他说：'我喜欢孙老师，喜欢和孙老师一起玩，孙老师是我在幼儿园里的妈妈。'把他交到你们幼儿园，交给孙老师，我们放心。"

教师一定要使家长感觉到你爱他的孩子，你是真心为他的孩子好，这样即使你批评了他的孩子，家长也会很高兴的。因为他认为你是一个有爱心的、负责任的老师。

4. 教育性原则

家校沟通要以孩子更好地接受教育为根基，以孩子的发展作为中心任务，避免将教育沦为其他利益的工具。"将儿童的最大利益置于中心"，应该是教师与家长共同信奉的教育原则，同时也是二者合作的基本出发点。但是，教师和家长由于教育背景、信仰、价值观等方面的差异，在"什么对孩子是正确的"这一点上有时会有争执或处于隐性的对立状态。教师与家长之间的任何冲突都是建立在孩子的利益基础上的，因此，教师与家长面对矛盾和冲突，应共同寻找解决问题的办法，努力达到更有效地促进孩子健康成长的目的。

5. 针对性原则

为了使家校沟通更有成效，对于不同的家长，教师沟通的方式甚至内容也应该有所不同。

对年轻的家长：平等、热情；对年长的家长：尊重、热情、体谅、赞美。

对高学历家长：采用研讨的方式进行交流，提供策略性建议；对低学历家长：多鼓励，提供操作性建议。

对离异的家长：尊重、接纳。

对保姆：热情、尊重。

对包办代替型家长：用制度管理来减少频繁出入园所带来的过度呵护的行为。

对高期望型家长：肯定、赏识其孩子的优点和家长认真负责的态度，同时说明高期望对孩子健康成长的害处。

对放任型家长：强调规则对孩子成长的重要性。

对冲动直率型家长：微笑静听。

对拒绝配合型家长：从孩子入手，让孩子成为小广播，每天向家长播报幼儿园里的趣事、乐事，吸引他关注幼儿园，关注教师的工作，然后请他参加一些活动，与孩子互动，与其他家长互动，用别人的热情去影响他。

对被动配合型家长：让这些家长看到我们的工作成绩，用事实来说明问题，给他们更多的参加各类活动的机会，让他们在活动中了解幼儿园，了解自己的孩子，理解教师的工作。

对主动配合型家长："感谢"二字挂在口头，向他们更细致地介绍班级的工作，并将活动深入到家庭中去，使他们成为家长工作的领头人。

对性格内向、沉默寡言的家长：要面带微笑，经常主动热情地与他们交谈，逐渐拉近与家长之间的心理距离。

问题性质不同，沟通方式也不同。对于个别幼儿问题，教师可采用接送面谈、电话交流、家访等形式，与家长进行个别沟通交流；对于幼儿共性问题，教师可选择家长会、家长学校讲座、家长委员会会议、家长联系栏等形式与广大家长联系沟通。

案例分析

案例：沟通不畅引发的问题

离园前十分钟，乐乐哭着来告状，说壮壮打了他的眼睛，老师由于忙着帮幼儿整理衣服，没能看到事情的原委，就叫来壮壮问个究竟。壮壮说没打,老师为了教育幼儿,大声说:"打人还不承认,你看,乐乐都哭了。"这时正好赶上家长接孩子,老师的大声训斥被家长听见,壮壮的妈妈向老师询问原因,老师就把乐乐告状的事说了一遍,这时又被乐乐的妈妈听见,家长急着要看看孩子的眼睛是否被打坏。这时老师介入说:"没事,小孩之间就是轻轻碰一下也哭。"老师又对哭着的乐乐说:"男子汉要坚强,受一点儿委屈就哭还行?"乐乐的家长虽然没对着老师发脾气,但是一直在追问孩子事情发生的经过。第二天,乐乐没有上幼儿园。过了几天,老师得知乐乐去了另外一所幼儿园。

分析

在幼儿园,小朋友之间互相告状的事情时有发生,如果教师不能正确处理问题,就会引发家长的不满。有些家长沟通能力稍差,心里想说的话却不知道怎么用语言来表达,遇到问题时不能正确客观地处理。在遇到问题的时候,教师要学会与家长正确沟通,注意态度、语言和语气,从而在家长心目中树立良好的形象,为幼儿园的发展奠定更好的基础。

主题3　幼儿教师与家长沟通应具备的素质

我国著名幼儿教育家陈鹤琴先生说过："幼稚教育是一件很复杂的事情，不是家庭一方面可以单独胜任的，也不是幼稚园一方面可以单独胜任的，必定是两方面共同合作方能得到充分的功效。"幼儿园与家庭的共同合作的关键环节就是沟通。沟通能力是幼儿教师的一项基本功。因此，幼儿教师要了解与家长沟通应该具备的素质，同时，努力让自己具备相应的素质，进而更加有效地做好家长工作。

一、与家长沟通应具备的知识

为了更好地与家长沟通，幼儿教师必须具备幼儿教育专业知识、幼儿家庭教育知识，还要具备礼仪知识、社会人文知识等。这样，我们与家长才会有更多的话题——既可与家长交流孩子教育的问题，又可粗略地与家长谈论社会、生活问题，进而有更多的与家长沟通交流的机会，有利于增进彼此的了解和情感。就像一位幼儿教师所说的那样："要想取得家长的信任，老师就应该有一定的专业知识，还要有社会人文知识。当家长有教育问题时，你最好能从专业的角度帮助家长分析，并且提出有效的解决措施；当家长谈社会问题时，你最好也能插上几句表达你的观点。如果你孤陋寡闻，专业问题不懂，社会问题也不懂，和家长谈话翻来覆去总是那几句话，就显得很肤浅，很没有深度，家长也就不愿意和你谈话了。"

二、与家长沟通应具备的职业道德品质

与家长沟通，幼儿教师就要有公平、公正、尊重、热情、负责、体谅、体贴、合作之心。

有经验的张老师对年轻老师说，跟爷爷奶奶讲话，嘴巴要甜一点儿，比如：

"爷爷好！爷爷来接丽丽啦？"

"奶奶来接小军啦？奶奶辛苦啦！"

"婆婆来接文文啦？婆婆真是很疼外孙啊！"

"公公来接小敏啦？小敏妈妈有公公帮忙就轻松多啦！"

"哎哟，今天是爷爷来接，奶奶在家里休息是吧？小孙子有你们二老照顾真幸福啊！"

"您老人家说得对，在这方面我应该多向您请教啊！"

确实是这样，家长很容易被我们的热情感染。你若对老年人表现出热情，他们会很开心的，然后其他问题就都好沟通了。

蕾蕾的妈妈向园长投诉，说老师对蕾蕾有偏见，不理不睬。起因是有一天蕾蕾做错了事，老师批评了她。第二天，蕾蕾妈妈送孩子入园时，孩子喊了"老师早"，老师却忙着处理别的事，没有听见。从此，蕾蕾妈妈就觉得老师不喜欢蕾蕾。

家长和孩子是很敏感的，他们还很在乎教师对他们的一举一动，我们任何一个细小的疏忽都可能引起家长和孩子的误解。在接送孩子方面，几位保教人员应有效地分工，一位当"迎宾员"，其他的则负责照顾早上来得早或晚上接得晚的孩子。尤其是对于内向的家长和孩子，教师要主动跟他们打招呼，时刻保持微笑，因为微笑是最好的沟通方式。

一天快下班的时候，我刚要离开幼儿园，就被家长给拦住了。她很生气地说道："我孩子的脸是怎么回事？都第三次了，怎么被划成这样？"我当时很紧张地说："三次了？您怎么才说呀？这是怎么弄的？"家长气急了："你问我？孩子才多大呀，不到两岁，我不说也不能这么欺负人呀！"我赶忙解释道："不是这个意思，这孩子比较小，有些调皮。"家长说："你说什么？我家孩子调皮，就该被划吗？"我真的是无话可说了，感觉说什么都是错的。

家长如此钻牛角尖的起因是教师刚开始沟通时就努力想着怎么开脱自己，减轻责任。如此一来，家长就很容易生气，甚至气愤地和你较劲。

家长最在乎的是教师的专业品德，其次是他的专业能力。因此，幼儿教师一定要加强自身师德的修炼。

三、与家长沟通应具备的专业能力

与家长沟通的专业能力包括：观察和了解家长教育需求的能力，设计、组织实施各项家长工作活动方案的能力，指导家长科学育儿的能力，研究与反思家长工作的能力，与家长沟通交流的能力。

虹虹妈妈："我家虹虹老是坐在后面，他会不会看不见？能不能定时调换一下座位呢？"

老师："虹虹个子高，没问题的，再说教室也不大。"

虹虹妈妈："我家虹虹其实是喜欢被关注的，能不能给他换到第一排？边上也可以。"

老师："这样吗？好的，我们会适当安排的。"

其实虹虹妈妈的真实想法不是给孩子换座位，而是想让教师在教育活动中给予虹虹适当的关注。可惜教师没有听懂家长的意思，进而导致沟通不顺畅。

我至今还记得自己第一次以家长的身份去参加家长见面会的情景。当时我儿子上的是一个3岁幼儿班，每天只上半天学。他的老师很喜欢他。

老师对我说，我儿子很聪明、很听话，与其他小朋友相处得很融洽，她很高兴有这样的孩子。当然，我为她给予儿子的评价乐得合不拢嘴。

开车回家的一路上，我也是兴高采烈的，听别人夸自己的儿子有多棒当然很开心，但我总觉得像是遗忘了什么似的。

教师仅仅告诉家长他们的孩子表现得很好、很受老师和同伴喜欢，是不够的，还应该为每个幼儿制订一套将来要实现什么目标的计划。比如，你可以对家长说："你的孩子在数学方面表现出一定的兴趣，我们打算进一步培养他这方面的能力……"要让家长明了接下来应该怎么做，这样的沟通指导才有意义。

离园时，李老师发现小林的衣服挺别扭，仔细一看，原来是纽扣错位了。在李老师的指导下，小林笨拙地解开了一个又一个纽扣，准备重扣。正在这时，小林的妈妈出现在活动室门口。显然，她已经看到了一切，脸上写满了不高兴。只见她快步上前，动手要帮小林扣纽扣。李老师一把拉住她说："瞧这衣服模样，就知道肯定是小林自己穿的。小林能够独立穿衣服，这是一件很值得高兴的事啊！让他再练习一下，相信他会有进步的，你说对吗？"小林妈妈听了李老师的话，似乎悟出了什么，脸上慢慢由阴转晴，笑眯眯地对小林说："乖孩子，慢慢扣，妈妈等着你！"

教师说话很机智，能瞬间将自己的教育理念融入话语中，扭转不利的沟通氛围，让家长对孩子和教师都由不满转向满意。

四、与家长沟通应具备的良好心理素质

为了与家长进行有效沟通，幼儿教师还应该具有较强的心理承受能力、情绪自我调节能力、专业信仰等良好心理素质。不同的家长会有不同的教育诉求，有的合理，有的无理；有的家长通情达理，而有的家长则不近人情，你的好心不一定会得到家长的理解；你做的同一件事情，有家长说好，有家长说坏，还有家长对你进行人身攻击；再者，家长的观念和个性都不易改变，教师做家长工作会遇到许多阻力。如果你没有一点儿心理承受能力，没有一点儿情绪自我调节能力，就很容易受到不良情绪的困扰，甚至影响你的正常工作，还有可能让你产生放弃工作的念头。

奶奶来接孩子的时候发现孩子不停地哭，同时也发现班级里的扫帚头断了，于是就怀疑老师打孩子。回家后，奶奶检查孩子的身体，发现孩子的后背有一道伤痕，更加断定了她的想法。于是她将这件事情告知媒体，媒体报道了这件事情。但据幼儿园的工作人员说，那把扫帚早就坏掉了，孩子后背的伤是孩子之间打闹所致。在这期间，孩子的奶奶经常来找老师理论，要求幼儿园免去托保费，还要赔偿金。那个老师忍受不了，便和孩子的奶奶大吵了一架，然后就辞职了，并说再也不当幼儿教师了。

做幼儿教师真的不容易，做家长都满意的幼儿教师更不容易。这需要我们有良好的心理素质，有坚定的专业信仰。

案例分析

案例：无效的沟通

婷婷是肖老师班上的一个幼儿。最近肖老师发现，婷婷增加了一个坏习惯，那就是在午睡的时候，偷偷吃糖。肖老师几次发现后，都在她睡觉前劝阻了她。担心孩子在家也有这个问题，肖老师决定与婷婷的家长沟通。当天离园时，婷婷的爸爸来接孩子。肖老师将婷婷的问题向家长反映了。婷婷的爸爸一边接过婷婷的小书包，一边点着头，匆匆忙忙地离开了。

接下来的时间里，肖老师发现婷婷仍旧喜欢在睡觉前吃糖，问了孩子，她说在家也会在睡前偷偷吃糖。肖老师意识到，自己上次和婷婷爸爸的沟通是无效的。这是怎么回事？肖老师打通了婷婷爸爸的电话，就这件事和他沟通。婷婷的爸爸恍然大悟一般，说自己当天因为单位的项目出了点事儿，接孩子的路上得到通知，心情不好，只是想着怎么解决问题了，因此没将肖老师的话放在心上。

分析

这个案例就提醒我们，与家长沟通时，要注意家长的状态，看沟通的时机是否恰当。如果时机不恰当，沟通的效果会大打折扣，甚至是无效沟通。这就要求我们在与家长沟通时，要注意激发家长的沟通主动性，变自己说为家长和教师共同说。教师在与家长沟通过程中，可以不时地将一些问题抛给家长，照顾家长的情绪和状态，寻找家长感兴趣和关注的点，展开双方的沟通。

家校沟通的有效渠道

在幼儿成长的环境中，家庭和幼儿园是最重要、最直接的环境。幼儿园作为专业教育机构，教师作为幼教专业人员，在家校共育中承担主导作用。教师应该根据幼儿的年龄特点和发展需要，采取形式多样的活动，运用多种沟通渠道，促使家长参与幼儿园活动，帮助家长树立正确的教育观念。只有家庭和幼儿园同心协力，才能促进每个幼儿在原有水平上的充分发展。

主题1　家长委员会

导语

　　家长委员会就是家长以合作者的身份，直接参与幼儿园的教育和管理，它是家校共育的一种形式，是联系家庭与幼儿园的纽带。家长委员会对增进家庭和幼儿园间的信息传递，整合家庭和幼儿园的教育资源，形成教育合力起到了巨大的促进作用，有力地推动了家校共育的进程。在家校共育的众多形式中，家长委员会具有独特的优势。那么，如何成立家长委员会组织，发挥家长委员会的纽带作用，推动幼儿园的发展呢？

一、建立组织是缔结家校纽带的前提

　　一是建立家委会组织。幼儿园作为组织者，首先拟定好幼儿园家长委员会章程，内容包括宗旨、组织形式、义务、权利、制度等；其次推荐选举家长委员会成员，成立机构。一般情况下，家长委员会成员是由幼儿园各班教师和家长推荐的一至两名热心支持幼教事业的家长代表组成的，也可毛遂自荐；由园长任主任，选一位家长任副主任，代表任期一年，到期后可改选或连任；幼儿园给家长委员会成员发聘书。

　　二是成员分工协作。家长委员会一般设宣教组、后勤组、文体组

等，并细致分工。例如，"宣教组"负责幼儿园的宣传、教育工作，向家长、社会宣传幼儿园的办园宗旨及幼儿园的建设、管理、保教工作情况，组织家教经验交流活动，向家长宣传科学育儿的知识。"后勤组"负责了解幼儿园生活管理情况、幼儿膳食情况、幼儿园财务制度的完善执行情况以及幼儿园的环境、设备、教具情况，并有针对性地做一些具体事情，如提供教育资源、协助维修幼儿园电脑、联系家长委员会的代表等。"文体组"负责开展各种丰富多彩的文体活动，丰富幼儿、家长、教职工的生活，与园方组织配合部分家长参与幼儿园的运动会、游戏、娱乐或文艺演出活动。

三是开展工作。家长委员会在园长的指导下工作，定期召开全委会，在会议中主要讨论幼儿园在各个阶段应开展的各项教育活动，以及家长委员会在这些活动中应承担的任务。

有了这一系列的前期准备活动，家校的纽带已初步缔结。

二、发挥家长委员会的作用，促进家校共育

1. 发挥家委会的教育管理作用，促进幼儿园整体水平的提高

家长进入家长委员会后，就承担着参与管理的职责。家长委员会成员通过对幼儿园园务信息的了解、参与幼儿园活动、和园长对话、参与幼儿园一些事务管理的讨论与决策，在心理上对幼儿园管理产生认同感，感觉自己是幼儿园中的一员，从内心认可幼儿园，从而自觉承担起相应的责任和义务。幼儿园有了更多的家长参与、管理和支持，其整体水平会有很大的提高。

2. 发挥家委会的疏通协调作用，使家长成为幼儿园合作伙伴

家长委员会由家长代表组成，可以说是家长的代言人。任何家

长对幼儿园有什么要求、疑问、意见和建议，都可以向家长委员会反映，再由家长委员会把这些信息及时、真实、全面地反馈给幼儿园；同时督促幼儿园在一定时限内回复，提高了家校信息交流的效率。家校双方借助家长委员会进行双向的沟通交流，既可以消除家长的误解，同时也可以改进教师、幼儿园工作，使得他们成为密切合作的伙伴。

3. 发挥家委会的协助支持作用，共享家庭的优质教育资源

与家校之间的沟通相比，家长之间的交流更容易为家长所接受。家长委员会能够更深入地了解每个家庭、每个家长的具体情况，发现他们共同感兴趣的话题，并能挖掘家长中潜在的保教资源。在家委会的协助下，幼儿园可以将这些优质保教资源拿来为幼儿园教育所用，使幼儿园获得更多的教育途径，从而有效地提高幼儿园的保教质量。

我们相信，只要幼儿园能够重视家长委员会的工作，健全家长委员会的组织机构，制订周密的工作计划并认真实施，家长委员会将发挥其特有的功效，为幼儿园的管理工作提供强大的后盾。

案例分析

案例：田哺幼儿园家长委员会活动记录

时间：2023年9月16日上午

地点：田哺幼儿园会议室

参加人员：各班推荐家长委员会成员1人，共计28人；幼儿园领导班子成员5人；班级老师代表8人（无缺席）

家长签到：（见签到表）

主持：刘园长

内容：

一、园长发表讲话：致欢迎辞，总结幼儿园前一届家长委员会工作的成绩；说明新一届家长委员会成立的意义。

二、业务园长宣读田哺幼儿园家长委员会章程。

三、家长委员会成员做自我介绍。

四、颁发家委会成员证书。

五、园长公布本学期幼儿园园务工作计划。

六、家长讨论：幼儿园工作重点和幼儿园现状。

七、家长发言：

（王辰的家长）非常荣幸我能被我孩子所在班级的家长、老师推选为家长委员会成员，听了园长的计划，我感到自己今后教育孩子的时候有了帮手。确实，现在大都是一个孩子，我们在教育孩子的问题上没有什么经验。如今幼儿园每月都有周密的教育计划，让我们家长有了明确的培养目标。特别是开展的各项家园活动，让我们家长有更多的机会走进幼儿园，了解孩子在幼儿园的生活。刚才听了园长宣读的家长委员会章程，我觉得我的责任重大，在以后的家园配合工作中，我会努力做好我的工作，不辜负大家的期望。另外，提一点建议，能否让我们经常进入班级，观摩班级活动。

……

八、园长总结发言：园长提出近期家长委员会工作要求，根据幼儿园园务计划制订家长委员会活动计划；组织分工安排；安排下次活动时间。

九、家长和自己孩子相应年龄班的老师一起交流，制订本学年家长委员会工作计划，并进行家长委员会人员组织工作分工安排。

十、会议效果：此次活动为本学年新一届家委会第一次集中会议，家长参与积极性高，表现出对幼儿园工作的支持和高度关注，特别是对家庭教育中出现的问题，希望能有专家指导。幼儿园通过家长委员会成员收集相关家庭教育的问题，进行梳理，将以家长园地、家教咨询会、家长学校等形式给家长解答有关问题。另外，本次活动完成了家委会工作计划的制订及组织分工，使家长明确了自己的任务，使活动高效、有序。

分析

从"田哺幼儿园家长委员会会议记录"可以看出，这是田哺幼儿园召开的新一届家长委员会首次会议，会议首先宣读家委会的工作章程，使家长明确参与家委会的职责；其次，通过对上一届家长委员会工作的总结，激励新一届学生家长参与家长委员会工作的积极性，同时也体现了幼儿园对家长委员会工作的重视程度；会议帮助家长了解了幼儿园园务工作的内容，使家长对参与幼儿园管理有了一定的方向；通过家长间的交流，家长与园长、老师的交流，家长与老师共同制订工作计划，真正使家长参与幼儿园的管理。幼儿园安排的会议内容具体，目的明确，便于家长参与实施，避免了家长委员会工作流于形式。另外，从家长参与会议的积极性中我们可以看出，家长参加了幼儿园家长委员会之后，也就意味着家长从站在幼儿园大门之外的"教育看客"，变成了幼儿园教育的"当事人"，他们从角色转换中感受到自己对幼教事业所担负的责任。这次活动将给这届家长委员会带来良好的开端。

主题2 家访工作

导语

　　家访工作是教师与家长、教师与孩子之间交流的有效桥梁。它既可以让家长了解教师的工作，知晓孩子在幼儿园的表现，更好地配合教师，共同做好孩子的教育工作；也可以让教师了解孩子在家的情况，以便在日常工作中因材施教，有的放矢。因此，家访工作对教师来说是一项极具艺术性的工作。

一、有目的、有准备地开展家访工作

　　任何活动的组织开展都有其目的性，家访也一样。家访的目的主要有以下几点：一是了解孩子在家的情况以及其家庭教育的特点，以便在幼儿园教育中因材施教；二是向家长反馈孩子在幼儿园的情况，帮助家长了解孩子在幼儿园的生活，宣传幼儿园和教师的教育理念；三是针对孩子出现的问题，和家长共同协商教育方法，取得一致的教育方法；四是孩子的身体或家庭出现问题时，给孩子和家长以抚慰；五是加强家校间的沟通与联系，形成良好的家校关系等。

　　每次家访前，教师要认真细致地考虑：此次家访要达到什么目的？如何达到这个目的？带着目的去家访，会取得事半功倍的家校合作效果。因此，教师在进行家访时一定是有目的的、有准备的，选择好主题和话题，设计好交谈的方法，梳理好孩子在幼儿园时的各种表现、兴趣爱好、习惯等，以便家访时能信手拈来，提高家访的实效。还可以适当做些物质准备，如孩子在幼儿园完成的小作品、孩子活动时的照片和影像、孩子喜欢的小玩具等，让家长感受到教师的细致和用心。

另外，家访要提前预约，最好选择家长和孩子都在家的时间。这样既可以和孩子交流，建立感情，同时也让家长了解到你和孩子间的融洽关系，从而对教师产生好感。家访时间不宜过长，以免耽误家长的工作或休息。

二、有技巧、有感情地进行家校沟通

成功的家访首先是能让家长接纳你、信任你，因此和家长说话的方法就显得非常重要。家访时要注意斟酌语言，措词要有分寸，千万不可因失言而导致失礼。

交谈时选择恰当的话题入手，可从孩子的优点入手，夸奖孩子，让家长产生自豪感；可从孩子在幼儿园发生的小趣事入手，让家长产生愉悦感；也可欣赏孩子的小作品，让家长产生欣慰感。

主题的介入要自然。当说到孩子的不足时，要避免孩子在场，以鼓励为主，真诚地向家长表达你的关注点，做到"扬长避短"，既艺术又客观地进行反馈。如"您的孩子最近表现很好，比如……如果能坚持就更棒啦！"客观地分析孩子的问题，诚恳地向家长提出合理的家教方法，做到晓之以理，动之以情，让家长信服你，请家长和你合作，这才是你家访的目的。

谈话时教师的态度要亲切、平等，使双方在和睦的气氛中充分认识问题、解决问题；耐心听取家长的意见，与他们达成共识。

另外，谈话时要避免引起家庭矛盾，不探听孩子的家庭隐私，不介入家庭的矛盾，本着为孩子健康成长的宗旨，力求和谐、有效的家访。

三、有责任、有方法地宣传科学保教

日常家访中教师有责任做好家庭教育的宣传者。教师在与家长交谈时应注意，内容要少专业化多生活化、少抽象化多具体化。例如：家访中教师可以言传身教，或者带孩子做亲子小游戏，或者利用家中废旧物品进行艺术小制作、小创想；鼓励家长让孩子参与力所能及的家务劳动；鼓励家长观察孩子成长的点滴，记录孩子发展的过程，直接指导家长制作幼儿成长档案袋等。

另外，家访中教师要善于做家庭教育的解惑者。发挥教师自身专业的优势，指导家长借助网络和书籍了解家庭教育的新信息；强调家长的言传身教，帮助家长正确运用表扬与批评、奖励与惩罚，将科学保教的理念传递给家长。

四、有跟踪、有反复地完善访后工作

事物总是不断变化的，对孩子的教育是个长期的过程，这就决定了家访也是一项长期的工作。为了提高家访的效率，家访后我们还可以借助于现代通信手段做好后续工作，如利用电话、短信、便条、QQ、电子邮件等和家长保持联系，及时关注孩子的变化，反馈幼儿园的信息，真正建立长效的家校联系，实现教育成效的最大化。

还可以在家访时向家长发放调查问卷，有利于了解每个家长的需求和关注点，更有利于以后与每个家长的个别交流。教师持之以恒地关爱孩子是最能感化父母的，一定能取得家长的大力配合。

案例分析

案例：一次家访

家访事由：灵灵是小班新入园的孩子，在开学初老师通过和接

送她的外婆交流得知：灵灵的父母工作很忙，是外婆一手将孩子带大的，对孩子照顾得比较细致。灵灵入园后情绪还不错，但到了吃饭和午睡的时候，她会一直缠着老师，让老师喂饭、只陪她一个人入睡，否则就会大哭大闹。入园一个月后，灵灵的情绪才有所稳定。最近因外婆老家有事，每天接送灵灵的就换成了奶奶，灵灵经常会毫无预兆地发脾气或者大哭。班主任王老师和奶奶进行了交流，奶奶表现得很无助。王老师几次与灵灵妈妈电话联系，但灵灵妈妈都说正在忙没有时间。针对这些情况，王老师决定进行一次家访。

家访准备：王老师和配班老师一起梳理了灵灵入园以来的一些表现，准备了一些灵灵在幼儿园里的活动照片、手指画，还给灵灵做了一张爱心卡，上面贴着灵灵在幼儿园活动的照片，并打电话和家长进行了预约。

家访活动：周末的晚上，两位老师来到灵灵家，向灵灵送上了小贺卡，给爸爸妈妈看了灵灵在幼儿园做的手指画和照片。灵灵开心极了，拽着老师参观了她的小卧室、玩具柜，她的爸爸妈妈和奶奶也被感染了，一下子和老师变得亲近起来。待安定好孩子后，老师和家长进行了交流。王老师先把最近灵灵在园的情况很详细地向家长汇报，之后真诚地说："我们不是说灵灵哪里表现不好，是因为孩子最近情绪不稳定，我们想帮助孩子。"奶奶说："孩子一直是外婆带的，我对孩子的脾气和习惯把握不准，我很心疼孩子，她一闹我就什么都依着，结果她总是哭，我也不知道怎么办好。想告诉儿子和媳妇，又怕他们说我带不好孩子……""原本每次老师跟我们说灵灵吃饭、睡觉不太好，我们总觉得老师照顾灵灵是怕麻烦，所以就一直不愿意和你们沟通。"灵灵妈妈不好意思地说，"最近奶奶接送她，虽然她早上去幼儿园爱哭，可是下午接回来还是很高兴的。可能是因为我们下班回家很晚还继续让她玩，所以晚上睡得很迟，早上她起不来，就不情愿上幼儿园了。"老师说："知道灵灵情绪不好没有其他原因，我们也就放心了。要改变灵灵吃饭和睡觉的习惯可能还需要很长时间，我们在幼儿园也会鼓励她慢慢学会自己吃饭和睡觉。"爸爸妈妈听了连连说："我们会慢慢帮她改善的！"老师临走时还邀请了灵灵的爸爸妈妈，除了半日开放活动以外，哪天中午有时间可以去幼儿园看灵灵。

家访效果：家访几天后的一天中午，灵灵的父母一起到幼儿园，为了不影响孩子，他们一直站在班级门外，透过窗子看到灵灵的吃饭、午睡情况……当天晚上，灵灵妈妈第一次向老师发了感谢短信，并且就如何在家让灵灵自己吃饭、睡觉向老师请教好的方法。

分析

　　为了帮助灵灵，老师采取了家访的形式，目的是进行近距离的交流，了解灵灵情绪变化的原因，寻找解决问题的办法。教师的做法及时、积极，值得肯定。每一次家访都要有一定的主题或问题，这样的家访目的明确，有意义、有实效。

主题3　小型家长座谈会

导语

　　幼儿园小型家长座谈会是家长会的一种形式，人数一般是3～10人。相对于全体性的家长会，在小型家长座谈会上，教师和家长能根据个别或部分幼儿的表现进行有针对性的交流，同时又能发挥家长之间的相互影响作用。

一、如何选择小型家长座谈会的核心话题

　　小型家长座谈会的核心话题的选择有多种途径：第一，从话题选择的主体上来看，可以是家长，也可以是教师；第二，从话题的内容来看，可以是家长关注的问题，也可以是教师关注的问题，还可以是部分幼儿近阶段存在的问题等。

　　教师在选择核心话题时需要注意以下几点：第一，话题要凸显幼儿的发展水平和年龄阶段特征；第二，话题选择要考虑对班级幼儿和家长的适宜性；第三，话题不宜太大，否则家长和教师都不容易聚焦；话题也不宜太小，否则家长们可能几句话就谈完了，这样的话题不适合单独举行一次小型家长座谈会。

二、怎样组织小型家长座谈会

　　第一，提前告知家长小型座谈会的核心话题，给家长准备的时间。小型座谈会的话题确定之后，请感兴趣的家长报名，或者邀请部

分家长围绕既定的话题做好相应的准备。

第二，教师提前观察、记录幼儿的相关表现，收集座谈话题的相关资料。例如在小班下学期开展的"宝宝遇到困难怎么办"的小型座谈会，教师在确定了话题和参加人员之后，重点观察了交谈对象的幼儿，观察并记录了几名幼儿在一日生活中面对困难时的各种表现。此外，教师还有针对性地查阅了小班幼儿面对困难时的年龄阶段特点和相应的心理发展特点。教师在小型座谈会之前收集到的这些幼儿表现以及相关的资料，可以帮助教师在主持座谈会时把握座谈会的方向和总体进程。

第三，选择家长时应注意人员的互补和协调搭配等原则。例如在幼儿饮食习惯培养的小型座谈会上，教师不仅可以邀请进餐习惯不好的幼儿的家长，也可以邀请进餐习惯良好的幼儿的家长共同参与座谈。这样的互补搭配可以有效发挥家长之间的教育作用，可以请进餐习惯良好的幼儿的家长分享自己在培养孩子进餐习惯方面的经验和有效做法。

第四，在整个小型座谈会实施过程中，教师要起到主持和协调的作用。为了达到座谈的最佳效果，教师在座谈会开始之初需要重申讨论的核心话题，并请大家围绕核心话题进行讨论。由于每个家长的思维方式及关注点不同，座谈会上可能出现讨论偏离核心话题的情况，这时教师要委婉地将话题转移回来。

第五，座谈过程中，教师要以问题和经验分享等多种方式调动家长们的积极性。小型座谈会并不是教师的一言堂，而是所有参加者共同分享和建构的过程。因此，教师需要用各种方式调动家长的主动性和积极性。例如在"幼儿不愿意上幼儿园怎么办"的座谈会上，有一位家长说："我们家宝宝每天早上起床时就开始哭闹，说不要上幼儿园……不知道该怎么办？"当一名家长提出问题后，教师不必急于回答，而是把家长的问题抛给其他家长，相信他们会有不错的办法。

案例分析

案例："宝宝遇到困难怎么办"（小型家长座谈会）

片段一：教师开场白

教师：谢谢大家准时来参加这个小型家长座谈会，今天我们要讨论的核心话题是"宝宝遇到困难怎么办"。困难存在于我们生活的方方面面，不可避免，对于幼儿来说也是一样。今天我们就围绕这个核心话题，结合自己家的宝宝在遇到困难时的表现进行交流，可以举例子，也可以说一说家长的对策以及效果，欢迎大家各抒己见，畅所欲言！

片段二：家长各抒己见，互相启发

徐妈：那我先说吧。我们家宝宝主要是在和小朋友相处方面存在困难，如在亲戚家玩时会和小弟弟争抢玩具，发生争抢行为后不知道怎么办，只会着急，这个时候我一般会帮助她，或者教她说"我玩一会儿再给你玩"。

方妈：我们家宝宝不愿意练舞蹈，我们采取的方法是制作一张表格，张贴在家里最明显的厨房玻璃门上。按时练了舞蹈就在表格上贴一个贴画，没练习就撕下一个贴画，集齐10个贴画后孩子可以换一个他想要的礼物。

周爸：这个方法挺好的。

袁妈：我们下次也可以这样试一试。

黄妈：我们家宝宝不愿意吃早饭，每天为了让她吃早饭全家要花很多时间。我们采取的策略是寻求教师的帮助。她很听老师的话，老师和她说一下，她回去后就会好一点。

周爸：刚才方妈妈说的这个方法很好，下次我们家也可以试一试。我们家宝宝最近遇到的困难是学琴，她不愿意弹新曲子，每次都弹已经学会的曲子，因为新曲子比较难而且不熟悉。我们采取的策略是奖励，比如原来睡觉前只讲2个故事，现在如果弹琴表现好就承诺她讲4个故事，或者出去多散步10分钟，有时还会用游戏或者编故事的方式教育她。

教师：你们说得都很好，对我很有启发，其他家长遇到类似的问题也可以借鉴哦！

片段三：家长偏离核心话题

徐妈：周爸爸，你们家宝宝四岁就学弹琴啦？

周爸：是的。

徐妈：你们在哪里报的？老师教得怎么样……

黄妈：我们家宝宝也学了，就在幼儿园旁边的那个琴行……也不知道宝宝多大学钢琴好？这么大的宝宝，兴趣班报几门比较合适？

……

教师：看来大家对宝宝上兴趣班的话题比较感兴趣，如果大家都感兴趣的话，下次我们可以专门围绕"宝宝上兴趣班"组织一次小型座谈会。今天我们座谈的核心话题是"宝宝遇到困难怎么办"，家长们，我们先回来好吗？

家长们：哈哈，跑题了，好的。

片段四：资源提供

教师：刚才家长们说了很多自己家宝宝遇到的困难以及自己的对策和效果，说得都很棒。在幼儿园里，幼儿也会遇到各种各样的困难，如生活自理方面、同伴交往方面、学习方面、游戏方面……我班宝宝遇到困难有时会哭、会放弃，但在老师的鼓励和帮助下，大部分宝宝都会愿意自己试一试或请求老师帮助。今天我们不可能穷尽所有的方法，如果大家对这一话题很感兴趣，可以去阅读相关的书籍，如《儿童怎样解决问题》等，我们也可以再交流。感谢大家的参与！

分析

从上述案例中我们可以看出，教师在组织小型家长座谈会时应注意几点策略：第一，教师开场的目的在于介绍座谈会的核心话题，并让大家互相认识。虽然参加座谈的是一个班的家长，但由于平时工作繁忙，家长之间可能互不认识，介绍一下自己，让大家先互相认识，也起到缓解氛围的作用。第二，教师要有意识地调动家长们的积极性。当个别家长分享了自己的有益经验后，教师要和其他家长及时地进行正面反馈，给家长以自信并赋予家长教育效能感，这种效能感将会促使家长更好地与幼儿互动。第三，当家长们偏离核心话题时，教师能及时并委婉地将家长们"拉回"核心话题，从而保证座谈效果的最大化。第四，一次座谈也许不能穷尽话题的所有方面，不能解决每个家长的疑惑，因此教师可以从专业的角度提供资源，如推荐相关书籍、视频等。

主题4　家校联系栏

导语

　　家校联系栏是家校沟通的一座桥梁，是反映保教工作情况的一扇窗户，更是分享教育理念的一块园地。因此，创设科学有效的家校联系栏是非常重要的。如果家校联系栏不能吸引家长去关注，即使设计得再好也达不到应有的效果。那么，如何才能做到吸引家长的注意力呢？

一、家校联系栏的栏目名称、排版要引起家长的兴趣

　　要想让家长了解家校联系栏中的各项内容，教师在创设家校联系栏的时候首先就要考虑如何吸引家长。教师可以选择一些生动活泼、指向性强的名称，如"彩虹桥""家校碰碰车""爸爸妈妈看过来"等；板块的颜色要清新淡雅，如黄色、浅粉色、草绿色、淡蓝色等；各个板块的形状要和谐统一，富有美感，不杂乱；在图案的选择上，可选择一些温馨、简洁的花草做陪衬；在字体的选择上，要端正、清晰，与底板的颜色区分开来，尤其适合接送孩子的老年人看。

二、家校联系栏的内容要满足家长的需要

　　很多教师会根据自己的喜好创设各板块的内容，其实这是一个误区，仅凭教师的个人喜好选择板块内容是很片面的。俗话说："只有别人需要的，才是最适合的。"要根据不同年龄段孩子的家长的需

要和教养习惯，满足家长的需求，引起家长的共鸣，真正做到家校互动。教师在每个学期初的"家长沟通会"上可以通过调查表的形式进行统计，了解家长对家校联系栏内容的需求。

小班可注重孩子的生活、保健方面的信息。除了创设"一周计划""家教文章""请您配合""快乐学习"外，还可以增加"童言趣语"，记录孩子们在一日生活中的趣语对话。这不仅能让家长感受到孩子的童真可爱，还能惊喜地发现孩子的变化以及老师们细致入微的观察。"投石问路"板块是让家长发布自己在育儿方面的困惑，其他家长可以你一言、我一语地说说自己的观点，教师定期进行总结。

中班可以增加有关行为习惯和能力培养方面的信息。如"本周好宝宝"主要是针对孩子们在幼儿园一周中的生活和游戏表现来进行评价，对表现出色的小朋友要及时表扬，并将其照片贴在上面，对其余小朋友也要进行鼓励，让他们争当好宝宝；在"家教心得"中，可以请家长写一些教养札记和亲子游戏案例，供大家分享；"家长信箱"便于家长以书信的形式给班级教师提出建议。

大班要注重传递关于学习习惯及学习方法的信息。如可以在"家教文章"中推荐一些幼小衔接的知识，让家长了解上小学前的各方面的准备；在"亲子活动"中，可以根据季节和节日发起亲子活动，商讨活动时间、内容、地点等，并在"精彩瞬间"中展示出来。以上这些内容，都要根据家长的需求进行合理、科学、有效地调整和增减。

三、家校联系栏要根据班级情况及时更新

教师在创设家校联系栏时要总体考虑其主题性、创造性、教育性、全面性、形式美、互动对话性。一成不变的内容，形式单一的布局，很快就会让家长觉得乏味、失去兴趣。因此，家校联系栏要根据孩子的情况及时更新。还可以定期访谈一些家长，根据大部分家长的需要进行更新，让家校联系栏真正发挥支持、合作、指导的作用。除此之外，还要观察每天入园、离园时家长对家校联系栏的关注程度，有针对性地进行调整，及时和家长沟通交流，让这个静态的家校联系栏变得"动"起来、"活"起来。

比如在一段时间内，不少家长都反映孩子对电视、电脑比较着迷，回家后在电视和电脑上花费的时间较多。特别是一些男孩子，看了带有暴力倾向的动画片后，与同伴交往中攻击性行为也随之增多。这时，教师就可以有针对性地在"家教文章"中发布一些相关的内容，介绍看电视、玩电脑的弊端以及如何正确引导幼儿，并放在家校联系栏的显著位置，让家长觉得对自己有帮助，这样他们以后也就会更加关注家校联系栏了。

案例分析

案例：无人问津的家校联系栏

幼儿园快要开学了，中班的老师按照常规对家校联系栏进行板块的布置，用海里的鱼类、小熊的一家、小朋友玩积木等不同的卡通形象以及四张不同颜色的卡纸做底衬进行装饰。内容有："一周计划"（让家长了解近一周的教育目标、教学内容、游戏生活），底衬选用了大红色；"家教文章"（给家长推荐一些好的育儿和保健知识），底衬选用了橙色；"温馨提示"（提醒需要家长配合的事项），底衬选用了深绿色；"快乐学习"（张贴一些幼儿学习的儿歌的歌词），底衬选用了深蓝色。老师们花费了大量的时间和精力，本想着刚开学会有很多家长驻足欣赏。可没想到的是，家长对这个板块好像不感兴趣，还经常询问老师今天的游戏内容及通知（其实已经贴在家校联系栏中了）。中班的老师觉得很困惑，怎么没有家长关注呢？

分析

　　案例中描述的家校联系栏讲究内容的全和细，虽然这些内容可能都是家长感兴趣的，但是当这些内容全部呈现在家长面前时，家长就很难在短时间内进行筛选，寻找到自己想要了解的内容。另一方面，这个家校联系栏的版面装饰是站在幼儿的角度，过多的卡通形象并不能引起家长的注意；而底板的色彩过浓，又不容易让家长很快从中抓住内容的主题，有些颜色如大红色、深蓝色等还会造成人的视觉疲劳，使人不愿意过多浏览。这样，家校联系栏也就难以起到应有的作用。另外，家校联系栏安排的是比较常见的内容，对家长来说没有什么新意，里面的家教文章也不是专门针对中班幼儿的，对家长来说缺乏实际的指导意义，自然不易引起家长的关注。家长经常询问老师游戏内容及通知，可见在日常的家校联系中，教师没有及时提醒和引导家长关注家校联系栏的内容，没能有效地利用家校联系栏为家长服务。

主题5　新生家长工作

　　新入园幼儿焦虑情绪的产生存在着许多复杂的原因，环境的改变、作息时间的改变、周围成人与其交流方式的改变等都是孩子不适应和焦虑的重要原因。为了让孩子顺利地渡过入园的焦虑期，教师与家长的共同合作至关重要。在幼儿入园伊始做好家长工作，是今后家校共育的良好基础。

一、做好新生报到日的交流工作

　　幼儿报到当天，教师要抓住时机，和家长进行有效的沟通交流，为今后的家校合作做好铺垫。

1. 记录家长对孩子的担心

　　在报到日当天，我们可以准备一个记录本，让家长坐下来面对面地和我们交流，在家长介绍完孩子的基本情况后，问一问孩子上幼儿园以后他（她）最担心的问题是什么。几乎每个家长都会说出至少一种担心的问题，而这些担心基本都是家长根据孩子在家的表现总结出来的，能帮助我们在孩子入园后有针对性地进行教育。这样的交流也可以减轻家长的一些忧虑。如果报到日当天时间太紧张，我们也可以发放问卷调查表，这能让家长感受到教师认真负责的态度，对教师产生初步的信任，为入园后的家校配合打下基础。

2. 了解孩子的优点和特长

在初次与家长交流的时候，教师饶有兴致地询问家长孩子最感兴趣的事情是什么，有哪些优点、特长，会让家长体会到教师对孩子的关心和认真负责的态度，家长会非常高兴的。如宁宁的妈妈告诉老师，宁宁最大的爱好就是看书，而且对汉字特别敏感，现在简单的故事书基本能从头读到尾，但宁宁比较胆小，平时在外面很少说话，妈妈担心他刚入园会不适应。了解到这些情况后，在班上的听故事时间里，教师就经常让宁宁讲故事给大家听，这样不但锻炼了宁宁的勇气，也很好地发挥了他的特长，让宁宁的妈妈感到很欣慰。

二、开好入园后的第一次家长会

新生家长会可以快速、有效地增进教师与家长、家长与家长之间的联系。

1. 做到双向沟通

刚开学，面对这些对幼儿园感到很陌生的家长，教师可能会有许多问题和要求要向新生家长们交代，也要去排解许多家长的忧虑，这无可厚非，但一定要避免"一言堂"。教师准备得再充分，也不可能把家长们所有的疑虑和困惑都考虑进来，这就需要教师调动家长的积极性，让他们都参与发言。这样做还可以增进家长之间、家长与教师之间的沟通和了解，为构建平等、民主的家校关系打下良好的基础。

2. 丰富家长会的开展形式

传统的家长会是以教师的讲解、介绍为主，其实对于新生家长来说，他们最想看到的是孩子们被送到幼儿园后一天的生活是如何进行的，是不是一天都在伤心、难过和"要妈妈"的声音中度过的。在开家长会时，教师可以将一些幼儿在园一日生活的照片和录像播放给家长看，这样既可以让家长了解孩子在幼儿园丰富有序的一日生活情况，又可以消除他们的担心。

3. 注重个别交流

家长会的时间是有限的，结束并不意味着问题都解决了。对于有的新生家长来说，他们还有很多具体的问题、困惑甚至特殊要求，希望并需要和教师进行个别的沟通和交流。在和家长的个别交流中，教师可以提前了解班级幼儿的一些特殊情况，也可以初步了解一些家长的育儿理念。

三、运用多种方式紧密沟通

现在可以利用的家校沟通交流方式多种多样，如电话和班级微信群等，可以实现随时随地的沟通和交流。在幼儿入园初期，教师更应发挥这些工具的有效作用。

1. 电话常联系

幼儿刚入园时，教师应主动将自己的电话号码告诉家长，并记下所有家长的联系方式，做到常联系。在周末教师还可以进行电话家访，了解幼儿在家的情况。电话家访可以促进教师与家长、幼儿之间的情感交流，同时也使双方互相了解孩子的发展情况，及时沟通教育策略，对孩子进行督促纠正，使教师工作更具实效性。

2. 使用微信群

在班级成立初期，为班级建立微信群，可以有效地促进家校合作。幼儿刚入园时会有什么活动，需要家长配合些什么，都可以通过微信群传达给每一位家长。同样，家长有什么要求、困惑、嘱托，也可以通过微信群传达给教师，教师的及时回复会让这些有焦虑情绪的家长感到安心、放心。

案例分析

案例：哭闹的晨晨

开学两个多星期了，在结束了幼儿园开展的"新生亲子体验周"之后，适应能力较强的孩子已经能够很好地进入状态，但仍有不少孩子还是会在入园时忍不住哭闹，晨晨就是其中一个。那天，晨晨妈妈送他进入教室后，老师很热情地迎上去，然后拉着晨晨去看玩具架上的新玩具。晨晨紧紧地抱住妈妈的脖子让妈妈陪他一起去看，老师微笑着说："好的，没问题，妈妈再多陪晨晨一会儿。"晨晨发现了他非常喜欢的天线宝宝，于是从妈妈身上下来，开始专注地玩起玩具来，晨晨妈妈便悄悄地离开了教室。可是不到一分钟，晨晨转头发现妈妈不在了，便嚎啕大哭起来，一边哭一边冲向门外。老师怕孩子跑远，赶紧关上了门开始安慰晨晨，可是晨晨一直盯着窗外哭个不停，怎么也哄不好。老师向窗外一看，原来晨晨的妈妈趴在窗户边一直没有走，在偷偷地看着教室里的儿子呢！

离园的时候，老师和晨晨的家长针对早上的情况进行了以下沟通。

老师：晨晨妈妈您好，今天早上你离开后，晨晨哭了挺长一段时间。我觉得我们可以沟通一下，看看能否找到更好的办法解决这个问题。

晨晨妈妈：我们家晨晨适应能力比较差，从小到大一直都是我一个人带他，所以他很依赖我，一会儿也离不开我。

老师：能够看得出来他特别依恋你，所以他认为只有和你在一起最安全。其实你可以试试让家里的其他成员来独立地带带他，让他感受到和其他人在一起也同样安全、快乐。

晨晨妈妈：好的，我回去试试，下次让他爸爸来送看行不行。我每次送都走不掉，今天早上只好趁他不注意时悄悄走了，没想到他哭得那么伤心。

老师：是的，有的孩子在妈妈突然离开后会哭，但用别的事情转移一下注意力马上就好了，不过晨晨更愿意接受你和他说"妈妈去上班，过一会儿就来接你"。这样他心里会有个期盼，从而慢慢地把情绪稳定下来。所以下次你一定不要采取突然离开的方法，这样他会更难以接受。

晨晨妈妈：我也意识到了，今天早上我在窗外看了一会儿，是不是被他发现了？

老师：是的，透过玻璃窗发现你后，他的情绪波动更大了，哭得更伤心了。所以，如果你觉得不放心可以陪他多待一会儿，但尽量不要在窗外躲着，因为如果孩子发现了，他的情绪会更加难以平静下来。

晨晨妈妈：好的，谢谢老师。

老师：不用太担心，相信在我们的共同努力下，晨晨会很快渡过这个阶段的。

● ●

分析

首先，从案例中可以看出晨晨的家长对孩子的哭闹非常无奈，只能在送完孩子后悄悄在外面看。如果教师事先就主动做好和晨晨家长的沟通，说清楚用什么方式和孩子告别最适合，相信能够更顺利地做好晨晨的接送工作。其次，事后的沟通很成功。在发现问题后，教师及时地和家长进行了有效的沟通，找到了问题的某些原因，比如总是妈妈一个人带孩子、妈妈突然离开等。教师给出了自己的建议，同时也安慰了妈妈，增强了妈妈的信心。最后，这种情况对于刚入园的幼儿和家长来说是非常普遍的，其主要原因是教师没有做好刚入园孩子的家长工作。如果教师在新生入园前，利用家长会、家访等形式将入园后孩子的一些正常的哭闹行为提前告知家长，让家长心里有所准备，那么面对孩子的这种现象，家长就会少一些担心和焦虑，也会更好地配合教师共同帮助孩子渡过这个适应期。

主题6 网络家长会

导语

如今，网络沟通已经成为家校联系的新方式。借助网络，家长能更直接、更迅速地了解幼儿在幼儿园的情况，更好地配合幼儿园开展各项教学工作。网络平台的建设与运用成了家校联系的重要手段之一。

一、会前的准备

在班级通知栏和微信群里提前一周发布召开家长会的时间及形式，要求家长安排好个人时间，做好网上开家长会的准备。一般来说，安排在周末休息的时间家长们会很安心地参加。建议家长都用电脑上线，因为手机微信在接收大量文字时速度相对较慢，不利于家长与教师、其他家长进行互动。

让家长在家长会前一周就思考需要与教师沟通的内容，包括对班级的意见与建议等，以便开会时家长有话可说。提前与班级部分家长沟通，要求他们在会议中做发言的带头人，带动网络会议的气氛，鼓励更多的家长参与到会议中来。

教师提前建立电子文档，将会议内容逐条打出来，详细而准确地显示在电脑屏幕上，节省在会议中打字的时间。教师在准备每条内容的时候要做到理论结合实际，具体到班级中的某件事、某个人。例如，当教师希望得到家长们对班级工作的支持时，可以具体到本班某某家长为班级做出了哪些贡献，这会带动其他家长今后为班级服务的积极性。

二、会议的组织

教师在会议召开前要求参会家长一律亮起自己的头像，不得隐身，方便教师查看参会家长的人数。

教师将已打好的电子文档逐条发布在群里，包括开场白、本学期教育教学计划和具体需要家长配合的内容及结束语。每一条内容后面都加上"有疑问的家长请提出"的文字，并留给家长思考的时间。家长们每看完一条都会有相应的反馈，教师在线上与有疑问的家长进行文字互动，而不是教师一言堂。每一条信息发布后都要得到家长们的响应，而且要等到没有疑问后再进入下一条。

（1）棘手问题共同讨论。在家长会上，如果家长们提出了一些共性的问题，那么可利用集体智慧及时商讨解决。例如，有家长提出没有时间接送孩子，不能及时了解幼儿园每天布置的小任务和有关通知（爷爷奶奶不识字或看不清楚通知的要求等），教师组织家长商讨解决办法。于是家长们就自发安排、轮流记录，将当天通知栏里的任务及通知用手机拍摄下来后上传到班级群里。

（2）个别问题单独交流。有的家长想了解自己孩子在幼儿园的一些具体情况，但又不愿意让所有家长知道。为了顾及每位家长的心理，教师这时就可以与家长私聊。两位与会教师要做好私聊和群聊的任务分配。

（3）鼓励每位家长发言，营造和谐的会议气氛。运用文字交流本身就比较枯燥，如果教师像做报告一样一条一条地发文字，是不能吸引家长们热情地参与进来的。这时，主持的教师可以运用表情栏里的符号、网络上的一些图片，拉近与家长之间的距离，营造亲切、轻松的气氛。

（4）引领指导，互相学习。教师可以向家长介绍科学育儿的方法，给家长以指导；一些家长也可以与其他家长分享自己独特的教育经验和方法，大家互相学习，相互受益。

三、会议的整理

在会议结束语中，教师要对参加会议的家长们表示衷心的感谢，对积极发言、提出好建议的家长致谢。

请个别仍有疑问的家长在会议结束后与教师有针对性地私聊。

教师将会议内容进行整理归纳，商讨共性问题的解决方法，为以后做好家长工作奠定基础。

案例分析

案例：一次网络家长会

又到了每学期开学的时候了，幼儿园要求班级召开新学期的家长会，可是每次家长会总会有部分家长因为各种原因不来参加。配班的王老师突然提出了一个好建议——能不能把家长们都召集到网上开会呢？这样就算是出差也不会耽误了。刘老师大胆地接受了王老师的提议，并认真仔细地对网上家长会做了详细计划与安排：请家长们在休息日规定的时间一起进入班级微信群群聊，两位老师保证同时在线；

家长在接收会议内容的同时，可有针对性地与另一位不主持会议的老师私聊，全面了解自己孩子的发展情况。

一切准备妥当，网络家长会如期举行。教师致开场辞，将本学期的工作重点和需要配合的事宜通过事先准备好的文字发给家长，还将开学以来孩子在班级活动中的照片上传给大家欣赏，同时就班级目前存在的一些问题请家长发表意见。家长们在群里畅所欲言，提出了不少好建议，一些家长还与老师私聊，会议持续了很长时间才结束。整个会议融洽而有序，是一次非常有效的家长会。会后，两位老师将家长的建议进行了梳理，并商讨了解决的办法，以便在以后的工作中解决。

分析

在网上，家长可以真实地表达自己的想法，即使自己的发言会受到其他家长的质疑，家长也会从这些批评中明白自己错在哪里，同时也了解了其他家长的看法。网络中的私聊功能也满足了家长们想详细了解自己孩子的愿望，更加具体而富有针对性。个别因为特殊情况不能按时上网参加会议的家长，在会议结束后只要打开班级微信群，所有的消息记录都会显示在电脑上，同样也能了解本次会议的内容。

主题7　线上家访

导语

　　线上家访是一种利用音视频软件、打破空间界限、通过网上视频交流进行家访的形式。家访是教师了解幼儿原生家庭环境的最直观的方式。但有些时候不适宜进行入户家访，比如家长不方便、突发流行性疾病等。相比于入户家访，线上家访具有独特的优点：省时省力，教师免于奔波，效率高；全程无接触，卫生有保障；氛围轻松，易拉近双方的心理距离。当然，线上家访也有缺陷：无法深入家庭环境，获取信息不直观；线上进行，无法有效提高家长的关注度；老人带养，操作存在困难等。为了让线上家访更好地发挥优势，我们可以从以下几个方面进行优化。

一、线上家访准备工作

1. 软件准备

教师需要了解哪些软件适合组织线上家访，如微信、钉钉、腾讯会议等。教师应能够熟练使用这些软件，知道平台发生意外事故时如何处理，并能够用简明的语言将使用流程告知家长。

2. 硬件准备

第一，预设主题。无论哪种形式的家访都需要有预设的主题。如幼儿的作息习惯、家庭教养方式、家长对班级工作的建议等。尤其是线上家访无法深入家庭中，有很多现象不能直接观察到，需要教师提前做好预设，围绕主题进行访谈。漫无目的地闲谈难以实现线上家访的价值，也会让家长觉得浪费时间，降低对班级工作的配合程度。

线上家访的预设主题共性与个性并存，需要教师熟知班级幼儿的特点。同类问题可以使用共同的家访主题，个性化的问题要有针对性地设置主题。不能泛泛地使用相同的主题，否则将失去线上家访的意义。

第二，选择合适的记录方式。工作留痕是教师职业态度的体现，教师应通过记录给未来的工作提供参考。线上家访需要采取合适的形式进行记录，如表格、备忘录等，便于与预设问题进行对比，检验家访目的是否实现。

第三，班组人员协调分工。合理的分工有助于提高家访效率，确定线上家访内容及记录方式后，班组人员需要进行分工。需要完成的工作主要包括：统计家长支持使用软件的类型、指导个别不熟悉软件的家长学会使用方法、处理线上家访中出现的临时问题、记录家访过程等。

第四，约定时间和交流对象。以上准备工作做好后，教师就要和家长约定线上家访的时间了。双方应友好协商，选择彼此都适宜的时间，以便家访顺利进行。教师组织线上家访时应考虑到，线上家访借助的媒介信息化、智能化程度偏高，需要被家访者有一定的应用能力，应提前建议家庭中善于使用电子设备的人员参与家访，避免因软件使用不当影响家访进程的现象发生。

第五，背景选择。这是线上家访中比较容易忽视的细节。家长在屏幕上看到的不仅仅是教师本人，也会注意到教师周围的环境。教师应尽量选择简单素雅的背景，让线上家访更具教育"仪式感"，同时也能让家长感到教师的用心细致。

第六，服饰正式，妆容淡雅。教师在组织线上家访时不要忘记自身的角色，虽不是面对面地交流，也要保持教师形象。因此，教师应尽量选择正式的服饰、化淡妆，表示对家长的尊重和对线上家访的重视，要时刻凸显教师积极向上的精神风貌。

二、线上家访实施要点

1. 围绕预设问题展开谈话

线上家访是深度、多维的家园沟通，应该围绕一定的主题进行。教师应根据准备工作中的预设问题，有条理地进行家访，防止问答杂乱无章。

2. 语言通俗易懂

线上家访不同于家长会、家长学校等家校沟通方式，氛围相对轻松，教师的语言不必过于专业化，使用平实的语言更容易得到家长的理解，易引起共鸣。

3. 态度平和亲切

家长和幼儿在熟悉的环境中通过屏幕看到教师，心情会比较放松，是一种新鲜的体验。此时的教师也应采用亲切的态度，让彼此心灵的距离更近，让双方的沟通更顺畅。

4. 及时记录要点

尽管线上家访有预设的问题，但双方都可能有新想法出现。即便在沟通中不能立即达成共识，教师也应及时记录下来，为日后的工作拓展思路，为形成家校良性循环沟通做铺垫。

三、线上家访收尾工作

线上家访结束后，教师的工作并没有终止。教师应及时填写家访记录单，核对预设问题，核验家访目的的达成度，留意家长关注重点，反思此次家访的亮点、漏洞，为未来的类似工作积累经验。

案例分析

案例：爱心陪伴，线上家访

2020年是不同寻常的一年，经过近半年的蛰伏，幼儿园逐渐复园。为了不影响幼儿园教育与家庭教育的及时衔接，进一步了解幼儿在家中身体、心理和学习等方面的真实情况，幼儿园精心组织开展了线上家访。

为使线上家访有序、有效，家访活动开始之前，园长下发了线上家访通知，老师们积极响应，班主任在最短时间里制订了家访方案，为这次特殊的家访做了充分的准备。首先，教师在班级微信群内做了调查，了解到家长普遍接受通过微信视频的方式进行家访。然后，教师确定好家访主题，列出家访需要交流的话题提纲，设计好记录表。最后，教师根据家长的时间安排，预约合适的家访时间，并按照预约顺序，依次完成线上家访。

许久不见的老师和孩子在屏幕两端露出了欣喜的笑容。首先，教师向家长介绍了本次线上家访的目的和意义，然后孩子向教师一一地介绍自己的家庭成员，分享了在家中和爸爸妈妈做的一些好玩的事情。接着，教师和家长在线上进行深入的交流。教师对孩子的生活成长背景及家长的带养方式有了进一步的了解，同时也向家长细致地介绍了幼儿园的教学理念，以及幼儿以往在幼儿园的一些表现，帮助家长更全面地了解幼儿和学习科学的幼儿教育。最后，教师积极向家长宣传疾病防控的知识，告诉幼儿如何有效地保护自己，如教孩子正确佩戴口罩的方式和如何正确洗干净小手等。此外，教师还积极了解家长在家中带养幼儿遇到的一些困惑和问题，并有针对性地帮助家长解决孩子的成长和教育问题，促进孩子更好地发展。

分析

　　上述案例是特殊时期采取的特殊形式家访，开创了非常时期家校共育的新途径。线上家访同时满足了幼儿园和家庭双向沟通的需求。教师有条不紊地组织了线上家访，通过这种特殊的"家访"形式，了解幼儿居家一日生活情况、身体状况等，把教师对幼儿的关心和想念传达给了每一位幼儿和家长。教师利用线上视频沟通的方式隔空传递师爱，将关怀和祝福通过声音、穿过屏幕，播洒到每一位幼儿家中，为家校共育缔结坚实的纽带。线上家访是一场温暖于心的教育行动，教师用积极认真的态度，扎实开展了家校共育工作，彰显着教育的温度。

专题三

幼儿教师与家长沟通的艺术

　　家长作为教师的合作者加入到教育者一方，共同对受教育者——幼儿施教，将极有利于提升教育的质量。家校合作能否成功，能否最大限度地发挥作用，要受到多方面因素的影响，其中教师与家长的沟通效果是一个十分重要的因素。沟通是一种相互理解、彼此接纳对方的观点、行为，在双向交流中实现教育效果的最优化。

主题1   与家长建立良好情感关系是沟通基石

导语

　　与家长建立良好的情感关系，有利于更好地开展幼儿园教育工作。对幼儿教师而言，与家长建立了良好的情感关系，家长就相信你，喜欢你，支持你，维护你，体谅你，有利于你提高工作的幸福感。因此，幼儿教师要努力与家长建立良好的情感关系。

一、情感关系建立的基本理论

要想与家长建立良好的情感关系，我们首先应该了解影响情感关系建立的因素有哪些。

1. 认识是情感产生的基础

心理学研究表明，认识是情感产生的基础。有什么样的认识就有什么样的情感。因此，为了与家长建立良好的情感关系，教师平时要努力为家长提供关于自己的正面信息，避免出现与自己有关的负面信息。

2. 需要是情感产生的基础

情感是人针对客观事物是否符合自己的需要而产生的一种内心体验。情感总是和人的需要密切相关，需要是情感产生的基础。也就是说，产生什么样的情感取决于事物是否能满足人的需要。当人的需要得到满足时，就产生肯定的（或称积极的）情感，如满意、兴奋、喜悦、热爱；而当人的需要得不到满足或者追求满足需要的努力遭到挫折时，就产生否定的（或称消极的）情感，如失望、忧虑、愤怒、憎恨等。

因此，幼儿教师要认真研究家长的需要，并在工作中积极有效地关照家长的合理需要，特别是关照他们对孩子成长的合理需要，进而增进家校的情感关系。

3. 适当频率的交往有利于增进彼此的情感

社会心理学研究表明，过高、过低的交往频率都会导致情感热度下降，适当频率的交往有利于维持和增进情感的热度。因此，幼儿教师要努力与每位家长保持适当频率的交往，以维持和增进与家长的情感，使其保持在适当热度之中。

二、与家长建立良好情感关系的艺术

为了与家长建立良好的情感关系，幼儿教师可以从以下九个方面去努力：

1. 努力给家长留下美好的第一印象

幼儿教师给家长的第一印象是否良好、是否专业，对今后教师与家长能否建立积极的情感与互动关系至关重要。如果第一印象是专业的、良好的，那么，家长今后就会认可你，接受你，支持你；如果你给家长的第一印象是不好的、不专业的或者水平不高的，那么，家长以后可能会处处质疑你，进而不配合、不支持你的工作。因此，幼儿教师要注意做好在家长面前的各项"第一次"，如第一次家访、第一次家长会、第一次家长开放日活动、第一次见面、第一次约谈等都要努力做好，不得随便应付。

第一次与家长见面，或第一次开家长会时，教师可以选择说以下这些温暖家长的话，来为自己的第一印象加分：

①选择我们幼儿园是您对我们的信任，谢谢您。

②孩子是您的，也是我们的，我们会和您一样爱他。

③这是我们的联系方式，请您记下。有需要，欢迎您及时联系。

④孩子刚入园，会有一些不适应。让我们一起努力帮助孩子渡过这段不适应期。

李老师刚刚到一所幼儿园工作时，为了能给家长留下一个好的印象，每一次的家校活动、家长会，甚至包括家长接送孩子的瞬间，她都要精心准备。从着装到言行举止，她都力争给家长们一个好的印象：干练、专业、有修养、热情、有活力、靓丽。因此，家长们对她好评如潮，都放心地把孩子交给她。

幼儿教师要利用好每一个"第一次"的机会，把自己最好的一面展现在家长面前，为今后的交往奠定良好的基础。

2. 展示你的职业品德

幼儿教师要在家长面前展示出相应的职业品德，如公平、公正、无私、尊重、关爱、耐心、责任心、热心等，并且通过适当的行为让家长看得见、听得见、感觉得到。

一天，老师与家长约谈孩子不吃饺子的事情，说孩子见了饺子就哭，一口也不吃。家长说："我们在家里都是她吃什么才做什么。"

老师说："在幼儿园只能食堂做什么，孩子吃什么，你们太娇惯孩子了。"家长则认为娇惯孩子累的是自己，自己就这么一个孩子，心甘情愿地为孩子累，用不着老师批评教育。

后来老师没有与家长谈及此事，而是着手教育孩子。等再吃饺子的时候，老师没有强迫孩子吃饺子，只是鼓励孩子舔一口，孩子感觉舔一口没关系。

老师接着鼓励她咬一小口，孩子就咬了一小口，老师竖起大拇指表扬她，孩子非常高兴。然后，老师拿出自己买的午饭给孩子吃了。到再吃饺子的时候，老师既为孩子准备了午饭，又鼓励她慢慢地多吃一点儿饺子。一个月以后，孩子已经不再讨厌吃饺子了。老师把事情的经过告诉了家长，家长听后非常感动，也为自己曾经误解老师的言行而感到惭愧。

教师不计前嫌地关爱孩子，并且专业地解决了父母一直以来都没有解决的孩子吃饺子问题，这不仅让孩子发生了变化，而且让父母对教师的看法和态度也发生了变化。在这个案例中，教师体现出来的职业品德就是爱、耐心、责任心、宽容大度。

3. 让家长感觉到你很专业

如果幼儿教师能让家长觉得你很有专业水准，那么，他就会相信你、敬佩你、配合你、支持你。幼儿教师可以从以下几个方面来向家长展示你在幼儿教育方面很专业：

（1）专业技能展示。

在我国，幼儿教师教育者比较重视艺术技能的训练，因此，幼儿教师与其他非艺术类职业人士相比，其艺术才能都比较全面——能讲、能唱、能跳、能画，并且有一定的水准，这为幼儿教师在家长面前展示专业素养提供了基础。幼儿教师可以通过家长开放日活动、班级博客、日常教育活动向家长和幼儿展示自己的艺术才能，进而提高自己的专业威望。

（2）专业知识介绍。

幼儿教师具有专业的知识，比家长更了解幼儿期孩子的发展规律。因此，幼儿教师可以通过家庭教育讲座、家访、接送孩子、家校联系栏、班级博客等途径，向家长介绍其前所未闻的专业知识，让家长感觉到我们幼儿教师真的很有专业水准。专业知识影响着我们与家长沟通的质量。比如，有位教师说："要想取得家长的信任，老师就应该有一定的专业知识。这样，当家长有问题时，老师才能从专业的角度帮助家长分析和找出有效对策，否则，翻来覆去总是那几句话，很肤浅，没有深度，家长也不愿意与你沟通。"

（3）环境设计。

教室环境是一个班级的窗口，它反映着本班教师的教育理念和具体做法。教师除了要精心布置本班教室环境外，还要引导家长去理解这种布置的教育意图与目的，理解教师的良苦用心，并从中看到教师的专业风范。如有位教师告诉家长，在环境布置中使用孩子们的作品是有教育意义的，可让家长感受到教师是很用心的，而不是在偷懒，这会让许多家长对教师的专业素养感到佩服。

（4）为家长提供有效的家庭教育指导。

幼儿教师要精通业务，要能为家长排忧解难，解决一些一直困扰他们的孩子发展与教育的问题，以此展示我们的专业素养。幼儿教师不仅要善于发现问题和提出问题，更要善于向家长提出解决问题的有效方案。幼儿教师应该能够为每位家长提供以下三种教育方案：

①孩子的个别问题+有效的解决方案。

②孩子的强项+发扬光大的方案。

③孩子的共性问题+教育方案。

平时，许多幼儿教师只会向家长提出其孩子存在的种种问题，却未能向家长提供有效的解决方案。"问题"提得多，家长不喜欢，甚至反感——其实，许多问题家长也看得出来，他们只是没有有效解决的办法罢了。如果教师不仅能指出孩子存在的问题，还能为其提供有效的解决方案，进而解决持续困扰他的孩子教育问题，那么家长就会由衷地佩服你。

班上有个女孩十分内向，不善于交朋友，在集体场合不愿意讲话，家长注意到这个问题，来问老师怎么让孩子变得活泼、大方一些。

面对十分内向的小女孩，你给家长的专业建议是什么？

A老师提出了三点建议：

a.多带孩子出去，给她和同伴一起玩的机会。

b.给孩子讲些有利于孩子学会与同伴交往的故事。

c.家长以身作则，在社会交往中主动、热情。

B老师提出了三点建议：

a.教会孩子讲《三只小猪》《老鼠偷油》《小马过河》三个故事，先让其在家讲给家人听，熟练后到幼儿园来讲给小伙伴们听。

b.放学后让孩子学习轮滑，让孩子参加班级轮滑小组活动。

c.在班级组织开展了"周末好朋友"活动。发给每个孩子一张调查表，请孩子在父母的帮助下写下自己好朋友的名字；老师再把好朋友的电话号码填在他们的表上，为他们建立好朋友档案；然后开家长会使家长了解此活动的方式及意图；孩子们在周末轮流做客，去好朋友家玩，家长在家做好接待工作。

与A方案相比，B方案具体明确，具有操作性。家长毕竟不是专业的幼儿教育工作者，建议和措施不具体明确，不具有可操作性，家长在执行时往往还是不得要领。

幼儿教师平时要注意研究该年龄段孩子容易出现的各种心理行为问题，以便帮助家长有效地解决。

"我不上幼儿园，我要妈妈抱……"小宇使劲搂着妈妈的腿，不肯放开。老师见状微笑着迎上来对小宇说："哟，小宇，今天你是让妈妈抱着来的呀！我昨天晚上做了一个梦，还梦到你了呢！你猜，我梦到你什么了？"小宇轻轻把头抬起来一点儿，看着老师："什么呀？"老师用夸张的口气回答："我梦到你早晨来幼儿园的时候笑得像花儿一样，还给了我一个大大的拥抱。啊，我好幸福呀！好想抱抱你啊！可爱的小宇，行不行啊？"小宇想了想，终于松开妈妈的腿，开口道："那好吧。"

老师高兴地从妈妈手里接过小宇，并轻轻地亲了他一口，同时对妈妈小声地说了一句："放心吧！"妈妈看到小宇带着泪花的脸上有了笑容，自己也笑了，紧张的情绪顿时烟消云散，发自内心地说了一句："谢谢老师！"

幼儿教师就应该有这样的本领——时常以专业的、有效的办法解决家长无法解决的教育问题。这样，日积月累，你在家长心目中的良好口碑就会逐渐地形成，你在家长心目中的专业威信就会逐渐地树立起来。

因此，幼儿教师平时要多研究家长们所面临的各种教育问题，随时随地为他们提供有效的指导。

国外提倡"一分钟爸爸妈妈"，我们幼儿教师也可以尝试给家长们提供一些能在家里玩的一分钟亲子游戏、一分钟故事等，让家长感觉到我们的家庭教育指导是看得见、摸得着、有效果的。

（5）为家长提供家庭教育智慧。

幼儿教师应该利用自己的专业资源，通过各种途径向家长提供一些具有教育智慧的教育故事、教育名言、教育措施，让家长从中得到启发与教育，进而更好地教育孩子。

为家长提供有教育智慧的教育故事，不仅可以让家长获得教育智慧，而且可以让家长感觉到幼儿教师是很有教育智慧的专业人士。下面向大家介绍一位幼儿教师平时收集的一些教育故事。

儿子马上就3岁了，每天有问不完的为什么，有时真让人应接不暇。一天晚上，给儿子洗完澡，帮他擦着身上的水珠，儿子突然问妈妈："妈妈，你看我有小鸡鸡，男孩儿都有小鸡鸡吗？""对呀。""女孩儿有没有小鸡鸡？""没有。女孩儿都没有。""妈妈你有没有？""妈妈也没有。"妈妈有点儿惊讶，儿子的好奇出乎她的意料。

正在这时，儿子又提出了一个要求："妈妈，让我看看你有没有小鸡鸡好吗？"妈妈的脸一下子红了，大脑飞速地运转，想着如何给儿子一个合理的答案。她急中生智，隔着睡裤摸着自己平平的腹部说："你看，妈妈这儿是平的，什么都没有。"儿子释然。

上述案例介绍了这位妈妈如何有智慧地回应孩子有关性方面的问题，这对其他家长也是有启示意义的。

4. 通过共同的任务或活动，增进彼此间的了解和感情

教师要充分利用和创造各种机会与家长沟通与联系，进而增进彼此间的感情。比如，在节日时，有些幼儿园举办亲子同舞活动——让教师当舞蹈教练，教亲子舞蹈，以班为单位上台表演。家长、孩子参与的积极性很高，同时，排练舞蹈需要较长的时间，这就为家校沟通交流提供了机会，有利于增进家长和教师的相互认识，进而增进彼此的感情。

只要用心去挖掘，我们还会发现许许多多的家校沟通机会，如郊游活动、家长开放日、幼儿园策划的亲子活动、孩子接送等，都是家校沟通的好时机。

A老师说："我刚从学校毕业时跟家长聊天都是躲在主班老师后面，不敢跟家长聊天，因此与家长的关系比较疏远。现在跟家长聊多了，发现这个感情真的是聊出来的。比如，你跟他讲孩子好，好在哪里；或者你跟他讲孩子不好，不好在哪里，需要怎么改进。这样时不时地跟他聊一聊，感情就聊出来了，你一次次地去跟他聊，与家长的感情就渐渐培养出来了。"

B老师说："幼儿教师要深入了解每个孩子的优点、缺点、个性、潜力、近日的进步情况等。这样在与家长沟通时，你就能具体详实地向家长汇报，并以家长乐于接受的方式向其提出一些切实可行的教育建议。家长定会对你佩服得五体投地，并发自内心地感谢你。这样，还愁感情不好吗？！"

从上述两位教师的叙述中，我们可以看出，沟通交流对培育家校之间的积极情感是有很大帮助的。同时，教师心中要有家长所关心的话题和内容，这是深度沟通的基础，也是促进良好情感关系形成的基础。

5. 在家长面前表现出你对孩子的成长很用心

如果你能在家长面前表现出对他的孩子很用心，那么，他一定很容易对你产生好感。具体应注意以下几点：

（1）用具体的事例来与家长沟通孩子的状况。

当某位家长问你："老师，我家的宝宝在幼儿园的表现怎么样？"家长与教师交流时常会提这样的问题，你若是简单地回答"挺好的""还可以"，对于这样的回答，家长肯定不满意。因为家长会认为你对他的孩子关注不够，所以你留给他的印象肯定是不好的。

许多幼儿教师反映，家长在咨询孩子在园情况时，都是聚焦于幼儿一日生活的细节，比如："今天孩子喝了几次水，每次喝了多少？""今天孩子大便了没有？""今天孩子的手指划伤了，是怎么弄的呢？""今天回家的路上我发现孩子的袖子是湿的，是什么时候弄的呢？"家长对孩子一日生活中与健康和安全相关的任何细小的事情都十分关注。

观察是与家长沟通的基础。作为一名幼儿教师，拥有"眼观六路、耳听八方"的敏锐的观察能力是必要的。这样我们和家长沟通孩子的情况时，才能用具体的事例来说话，家长也会认为你确实关注了他的孩子。你可以说：

"今天小明学会了……"

"今天强强吃了两碗饭！"

"今天小虹和小丽一起玩，小虹不小心推了小丽一下，小虹道歉后她们又一起玩了。"

"今天中午晓帆吃得比较少，下午吃点心的时候就让她多吃了两块饼干。"

"今天晓萍在科学活动时，主动发言了。"

"晶晶今天午饭后大便了。"

……

教师每天都能用具体事例介绍孩子的情况，哪怕只有三五句话，也足以温暖家长的心。

（2）一张照片胜过千言万语。

平时，教师可以用手机将孩子有趣的表现、有趣的作品拍下来，通过QQ或微信、微博、邮件等发给家长，与家长分享孩子成长过程中的快乐，同时也表达自己对孩子的关注。家长看后，定会觉得教师是个很用心的人。

（3）平时留心观察并记录每个孩子的表现。

如果家长向教师询问孩子的情况，教师却回答不上来，家长就会认为教师从来没有将他关注的事情放在心上，甚至误认为教师没有责任感。因此，为了与家长沟通孩子的情况时有话可说，有具体材料做支撑，教师平时要注意对每个孩子的表现进行观察和记录。

老师在与某家长交流时，谈到她的孩子在午睡时，始终需要老师陪伴，睡着后还会伸出手来不停地向周围或空中抓东西。老师问家长："孩子在家睡觉时是什么样的？为什么会出现这种情况呢？"家长立刻说："老师观察得真仔细，我们家孩子一直是我陪着睡觉的，而且她睡觉时一直习惯拽着我的头发，所以她用手在空中抓，是在找我的头发。"

这样，家长就感受到教师工作很细心、很负责任；当然，家长还会感到他们的孩子在教师心中占有很重要的位置，继而对教师更放心。当接下来教师提出帮助孩子养成良好睡眠习惯的要求和策略时，家长就会认同并愿意接受教师提出的观点。

6. 让家长感受到教师对孩子的爱

调查表明，家长欣赏教师的前三个原因依次是：对孩子有爱心，态度热情，真实地反映孩子的情况。因此，我们不仅要发自内心地爱孩子，而且还要通过各种方式让家长感受到，我们真的很爱他们的孩子。

（1）教师与孩子的亲密关系要让家长看得到。

教师不仅平时要注意和每个孩子建立亲密的关系，而且要努力在家长接送孩子或参加开放日活动时通过适当的肢体语言和口头语言表现出来。这样，家长们就会看在眼里，明在心里，从而对教师的工作更加认可和放心。

（2）关注孩子的穿衣打扮。

幼儿教师在孩子午睡后，特别是在家长准备来接孩子前，要注意孩子的穿着打扮，如给女孩梳个新异的辫子或发型，让男孩穿戴整齐等。

（3）用孩子的照片和录像来体现教师对工作的用心。

家长把孩子送到幼儿园，尤其是小班新入园时，总会有许多担心和挂念。教师可以用手机记录下孩子游戏、参加各种教学活动、进餐、午睡等一日活动的情况给家长看。当家长们从照片、录像中看到自己的孩子吃得很好、玩得很好、睡得很好时，就会更放心，更加相信教师对孩子生活和教育的用心。

（4）做的好事要让家长知道。

按传统思维，做好事是不应该留名的，因为"做好事不留名"是一种传统美德。但是，从建立良好家校情感关系的角度来看，我觉得教师为孩子做的"好事"要及时地让家长知道。因为家长需要知道教师对孩子做了些什么、给予了多少关注。如果教师一直没有把事实反馈给家长，那么家长就无从知晓，他们会认为孩子在幼儿园里很少得到关怀和温暖，甚至认为教师没能尽到职责。长此以往，家校之间的关系就会越来越生疏，家长不再信任教师，不再信任幼儿园。因此，为了建立良好的家校情感关系，教师要及时将自己在幼儿园里所做的"好事"告诉家长。如某班有个幼儿在幼儿园里经常被蚊子叮，然后家长就会跟教师说："老师，我们家孩子很容易被蚊子叮啊。"教师就在孩子睡觉的时候，帮他多喷几下驱蚊水——虽然多喷几下是教师负责任，但是家长不知道啊，所以家长来接的时候，教师就跟家长说："××爷爷，今天睡觉的时候我们特地帮××多喷了几下驱蚊水，如果这也不行，我们再想想其他办法。"

教师不仅按家长的要求"做"了，而且告诉了家长。这样，家长就感受到教师是负责任的，是可以依赖和依靠的。

7. 做一些让家长感动的事情

幼儿教师应该通过做一些令家长感动的事情来改善和增进彼此之间的情感关系。比如，用你的爱心、专业素养、敬业、细心、责任心、热情去感动家长；用孩子的可喜变化和班级的温暖去感动家长；用你对孩子的深入了解和恰当的评价来感动家长；通过家长开放日让家长了解你对孩子的关爱以及你工作的智慧和辛苦，进而深受感动，等等。其实，家长很容易被感动。请看下面的案例：

46年前，有一天穆老师像往常一样带班，忽然听说自己班上有个孩子的妈妈因公受伤，失去了一只手。穆老师下班后，立刻赶往医院探望。就在她看到孩子母亲的那一刹那，她做出了一个令人动容的决定。她真诚地对那位母亲说："放心吧！今后你孩子和你们家人的毛衣我包了！"穆老师言出必行，更为可贵的是，这一承诺她竟然坚持了十多年，直到孩子长大工作。

如此真诚，如此奉献，家长能不被感动吗？不过，现在这样的教师太少了！！

幼儿教师可以做好下列工作让家长感动：

（1）入园初。入园初的放心短信，生病时的贴心关怀，周末里的爱心提示，节假日里的甜蜜问候，都容易让家长感动。

（2）短信关怀。孩子生日时，短信祝贺；孩子家里发生了不幸的大事，短信问候，可让家长觉得教师是关注他的孩子和家庭的。

（3）说说孩子的进步和趣事。以孩子的进步等为沟通主体，用具体的事例来说明孩子的进步，并评价孩子的细微变化，可让家长感觉到教师一直在关注孩子的进步和变化。

（4）用微笑感动家长。每天早晨在门口迎接时，多给孩子和家长一个微笑，会让孩子开心一整天，更会让家长一百个放心。早晨，当家长迎着阳光出现在教室门口时，看到班上笑容可掬的教师，听到教师对孩子亲切的问候，也许家长一天的好心情从此开始，他们会觉得孩子在幼儿园里像在家一样，让他们放心；下午，当下了班的家长来园接孩子时，教师微笑着对他说："您的孩子真棒，今天学会了……"也许他的劳累会立刻减轻一半；当家长有事耽误了接孩子时，面对心急如焚、满脸歉意的家长，教师依旧微笑着说："没关系的，您别着急！"这又怎能不让家长感动呢？

只要用心，你就能发现许多可以让家长感动的策略与措施。

8. 与家长有误会要主动化解

有些教师与家长有误会只会生闷气，不会主动化解，让相互之间的误会变成了积怨，并且越积越深，以至一见到某位家长脸色就晴转多云。这严重地影响了幼儿教师职业生活的质量；同时，结怨的家长可能会到处说教师的"坏话"，不断地对教师的工作吹毛求疵，在工作上不但不给予相应的配合，反而会与教师作对，甚至还会发动其他家长一起来与教师作对。因此，幼儿教师与家长有误会后应该以最快的速度将其化解，自己不能化解的还可以借助外力（如请其他同事，甚至园领导、家长）来化解。

接待家长时，范老师总是说："为了孩子上学，你们辛苦了！"家长听了心里总是甜甜的。黄小米小朋友是个非常调皮、好动的孩子，一天户外活动时他在和小朋友追逐时摔倒，手划破了一点儿皮。范老师急忙带他到医院看医生，可黄小米的爸爸知道后却对范老师大骂起来，范老师含着委屈的泪水挨着骂。后来，有一次，黄小米发高烧，范老师背着他就往医院跑，孩子最怕打针，范老师怀里抱着黄小米，用脸贴着他的脸，给孩子勇气。当黄小米的爸爸赶到医院看到这一切时，被眼前的情景感动了，连声道歉："老师，谢谢你了，我错怪你了……"

范老师应该值得我们许多教师学习。当我们被家长误解时，不要"以怨报怨"，而应该通过展示自己对孩子的爱心来化解家长的误解，进而赢得家长的理解和尊重。

一位年长的教师说："家长越是不信任我，我越对他的孩子好，结果孩子见到我就想让我抱，时间久了，家长就不得不信任我。只要孩子喜欢上幼儿园、喜欢老师、喜欢小朋友，家长的一切担忧都会化解；只要孩子爱老师，家长对老师的信任感就会逐渐建立起来。"我觉得，这位教师说得很有道理，她化解家校矛盾的策略也十分正确。

9. 家长交代的事情要努力做好并及时反馈

对于家长的叮嘱和关照，不仅要有行动，还要有反馈，不要光做不说。比如，有些家长可能在送孩子的时候或在电话里向教师请求："让他多喝点水；要经常给他换衣服，湿衣服穿了会生病的；你要记得不能让他……"那么，在该家长来接孩子的时候就要将他"吩咐"过的事再跟他说一遍："今天宝宝喝了很多水，每一次我都特别注意他喝了多少水……今天给宝宝换了三次衣服，户外活动两次，中午睡前看他还有点汗就又给他换了，一会儿他要是在外面玩就再给他换一次吧，湿的衣服已经和干净的衣服分开放了……今天我特意观察了宝宝……"总之，要通过你的语言表述让家长知道他的要求教师都记住了，而且全都做到了，从而让家长体会到教师是将他的话放在心上的，同时，让他感觉到教师是很辛苦的，也是很爱他的孩子的。

无论家长吩咐我们做什么事情，我们都应该努力做好，并且在下午家长接孩子时做出反馈。因为这些吩咐对我们来说可能是一件小事，忘了也无所谓，但在家长的心里会留下一个"疙瘩"，会直接影响到家长对我们的认识，甚至还会影响到我们的工作能否得到家长的支持。

案例分析

案例：斗气

一位老师在博客日记中写道：

有的家长实在是不敢恭维，我们老师没办法与其沟通了。对那些态度一直很不好的家长，我的态度也不会好的。一次，一位家长对我说："喂，孩子的衣服呢？"我说："在柜里！"家长说："哪个柜子呀？你也不说明白，我哪知道？！"我说："当然是你孩子自己的柜子啦，还能是别人的柜子吗？！"家长就没有说什么。这个家长对老师的态度向来如此，是众所周知的。以前我们对他客气的时候，他总是态度极差。我们老师都认为他很多时候都是故意的，总爱刁难老师。

分析

幼儿教师和家长要经常进行心灵上的沟通，千万不可与家长斗气！幼儿教师在处理与家长的矛盾时不要"以怨报怨"，而应该"以直报怨""以德报怨"。

主题2 与家长沟通幼儿在园情况的艺术

导语

　　幼儿教师与家长沟通幼儿在幼儿园的情况，有利于家校更好地了解幼儿，进而在教育上更好地形成合力，促进幼儿的健康发展。幼儿教师在与家长沟通幼儿在幼儿园的情况时，应该注意以下几点：

一、注意保密原则

　　无论何时，你在和家长聊天时，都要注意周围的环境，要谨防幼儿或其他家长听到你们的谈话。幼儿家长有权要求幼儿教师以专业的水平和方式处理事情，并尽一切努力尊重和保全他们的隐私。

　　活动后，一个孩子突然问我："张老师，小宇的手为什么要动手术呀？"大家都用疑问的眼光看着我，我就随口讲起了小宇刚入园时一位老教师跟我说起的关于小宇的手的事情："小宇生下来的时候有一只手上长了6根手指头，可一只手应该只有5根手指头。所以，医生就帮他动手术切掉了多余的一根手指头。以后你们要多帮帮小宇。"孩子们都感到惊奇，走过去摸摸、看看，小宇也显得很自豪，高兴地给这个看看、那个摸摸，大家都很开心。

　　下班后我刚回到家，电话铃响了，我拿起听筒，里面就响起震耳欲聋的声音："你今天跟我们家小宇说什么了？你究竟还是不是老师？你怎么能这么说……"我心中一片糊涂："究竟发生什么事了？你能说清楚吗？"接下来我在狂吼怒叫中终于听明白了，是关于白天我跟孩子们讲起小宇6根手指头的事。小宇回家问起了他妈妈，他妈妈非常愤怒，因为这是他们全家守了6年的秘密。他们怕孩子长大了知道后会自卑，在孩子刚生下来后就动了手术。可这个秘密竟然被老师公布于众，他妈妈怎能不愤怒呢？！

家长们无意中向教师透露的一些秘密，教师一定要信守诺言，不要有意无意地将之公布于众。这涉及教师本人的诚信问题，同时，对孩子的成长可能也会有消极影响。教师如此管不住自己的嘴，会将家校信任关系打破。而家长对教师的不信任，将成为今后家校沟通和合作的一个很难逾越的障碍。

二、注意专业知识的积累和专业态度的端正

有位家长说："有个老师语气比较凶，声音比较大、生硬，我就不想跟她沟通。"还有一位家长说："我孩子的老师开家长会的时候批评家长就像批评小孩一样，凶得很，哪个还敢去跟她交流？！"

在沟通过程中，家长也在观察、了解教师。家长如果看到教师比较温柔、随和，提出的建议很有针对性，他们就相信你，愿意跟你沟通。但如果跟你交流多次后觉得你没有什么新的知识，基本上就是原来那些套话，他们就不再愿意和你交流了。

要让家长信任你，愿意跟你沟通，最重要的一点是你自己要有渊博的知识。这就要求你平时多看书，多学习别的教师的优点等，不停地给自己"充电"。要知道现在的家长对幼儿教育方面了解得也不少，万一你在哪一点上说错了，以后就很难获得他们的信任了。

三、明确沟通的目的和内容

在与家长沟通之前，教师要明确沟通的目的和内容。

与家长交谈的根本目的是更好地促进孩子的发展，增进家校情感。

与家长交谈的内容主要包括孩子的教育与发展问题、家常。在会谈前，教师要汇集、查阅孩子各方面发展情况的材料，进行分析，提取有用的事例。实际上，这项准备工作在孩子入园后就已开始。每个孩子都有一个材料盒，用于存放幼儿教师平时观察记录的材料及孩子的作品等，可供会谈前挑选、查看与使用。

从某种意义上讲，教师每天都在准备与家长交流的内容——教师时常积累这方面的资料，见到家长就会有话可说，有问题可聊。

四、注意缩短心理距离

有些家长对会谈会感到拘束、不自在，所以教师要注意营造轻松的气氛，比如先说一些孩子和班上有趣的事。在交谈时也要自然一些，显得亲切一些，开始时可先问一句："××近来在家怎么样？"这样的问题家长好回答，从而能自然地进入交谈。交谈也可以从家长的工作、服装、关注点等入手；夸一夸对方，或者夸一夸他的孩子，也会取得意想不到的效果；安排座位时，教师与家长要坐得近一些，或坐在同一张桌子上，这样传递给家长的信号是你们要一起解决问题。

老师1：我以前就是这样的，说说孩子的闪光点，他的爷爷奶奶就乐得不行。

老师2：对于爷爷奶奶也得夸，比如说带孩子很辛苦啊，把孩子养得白白胖胖啊，还得听爷爷奶奶把话说完。要关注孩子很小的可爱的细节并讲给他们听，让他们感觉自己的孙子有多么聪明，多么可爱。

在他们高兴的时候提点小意见，他们还是容易接受的。

人都是喜欢听"好话"的。家长不仅喜欢听关于自己孩子的"好话"，而且也喜欢听关于自己的"好话"。幼儿教师要善于说"好话"，为家校交流奠定良好的基础。

一个家长前来咨询如何帮助孩子克服一些不好的行为习惯，他会叙述自己已经尝试过好多方法，可是收效甚微。

你会如何回应？

这时老师可以说："看得出来，您为了帮助他养成好的习惯做了很多努力，而且有些方法很管用，只是他暂时还没有完全改变过来。"

其中，"很多努力""有些方法很管用"就是向家长说"好话"，对家长充满信心。发现家长的努力，发现孩子的优点，为良好的家校沟通提供前提，就是对孩子未来发展最好的期待。

五、要以平等的身份与家长交谈

幼儿教师切勿以专家自居，采取居高临下的态度教训家长，不要总是发号施令似的说"必须……""应该……""你不应该……"，更不能责怪家长，要尊重家长，多倾听家长的话。幼儿教师提出共同促进孩子发展的措施时，宜采用商量的口吻，征求家长的意见。

教师在与"有异议"的家长交流时，要善于体谅和支持家长的意见。对家长某些错误的想法和看法要有耐心，要控制好自己的情绪，要用积极和友好的态度说明"我也同样爱您的孩子"，然后指出，"如果我们采用了您的方法，就会……您看这样行不行……""要是……会不会更好一些""我想是不是可以……"，并说明家校双方不同的意见和建议在教育孩子方面有哪些不同的作用和影响。这种亲切友好的气氛表明了教师对家长观点的重视，有利于家校之间的相互了解。

"××小朋友的家长发言，给我们幼儿园提了很好的建议，我们很受启发。下面我谈谈自己对这件事的看法……"

"这个问题我这样看：……你觉得呢？"

"这件事，你觉得该如何处理？我很想听听你的意见。"

这样，既体现了对有不同意见的家长的尊重，又能让他们把话说完，避免负面情绪的产生。

六、沟通要用事实来说话

许多教师在与家长沟通幼儿在幼儿园的情况时，时常会用一些抽象含糊的语句跟家长说："你的孩子表现得棒极了。""你的孩子需要进一步的培养。""你的孩子已经超出一般孩子的水平。""你的孩子今天表现得不错。""你的孩子又进步了。""你的孩子还可以。"……虽然你为此而费尽心思、绞尽脑汁，但家长听后并不清楚自己的孩子到底好在哪里、进步在哪里，所以他们对教师的回答是不满意的。

教师与家长沟通幼儿在幼儿园的情况时，应该通过孩子活动的照片、作品的照片、作品或具体事例来说明孩子的"好"，这样的沟通才有说服力，才能让家长听懂，才能让家长感觉到你真的用心在关注他的孩子。一位老师与家长交流孩子的不良习惯，家长不承认，还觉得老师对孩子有偏见。老师一方面耐心解释，积极引导家长从正面理解老师的用意；另一方面拍摄了孩子的日常生活片段，让家长拿回家看。家长看后主动找老师沟通，承认孩子的不良行为习惯给老师和其他小朋友带来了烦恼，然后又诉说了自己教子无方的苦闷，教师与家长由此打开了进一步沟通和合作的新局面。

观察是家校交流的前提。与家长谈话之前，你要观察他的孩子，这样，你才能在与家长交谈的过程中拿出他的孩子在幼儿园实际生活中具体的例子来说明你的观点，进而让家长信服。如果你没有事先做好准备，可以找个借口先不跟家长谈话。比如，今天早上有个家长来跟你说："老师，您今天下午有空吗？"但是你没有观察、没有例子，心中没底，就可以找一个借口："对不起，我今天下午有事。"或者说："我和别的家长已经有约了。我们另约时间再谈吧。"再比如，家长问你："这段时间我的孩子怎么样呀？今天他睡觉怎么样？吃饭怎么样？"如果你真的没观察，就不能跟他说"还不错"或"还行"，因为家长会认为你是在敷衍他。这时，你可以这样跟他说："今天由于其他事情，我没有很好地关注您孩子这方面的情况，明天我关注后再和您交流。"这表明我们是负责任的，是愿意关注孩子的。

七、描述，但不下结论

如果你希望和家长谈谈某个话题或你对孩子的关心，你最好向家长讲一件你亲眼所见的小事，作为双方谈话的事实依据。请一定要详细描述事情的经过，但不要加入个人评论。这样，你可避免惹怒家长。和家长们通过具体事件来谈论孩子的行为要比用笼统的一般性评价容易得多。大多数父母的想法是如果他们的孩子出现了什么不好的情况，他们会欣然接受那些他们认为是帮助自己的人所提出的建议，而不是那些听起来像是责备、批评孩子的人所提出的建议。

因此，在与家长交流与孩子发展有关的信息时，幼儿教师要先向家长描述与孩子相关的事件本身，而不要急于下结论或表达自己的观点。

告状时："我提醒过××好多次了，叫他拿其他小朋友的玩具时先征得小朋友的同意，他就是不听，每次都抢，所以常和别人发生纠纷。"

描述式："××年龄小，每次看到小朋友玩玩具时，就很想玩，而记不得先要说什么，拿过来就玩。小朋友不肯，就争起来了。"

在与家长交流孩子发展的信息时，我主张采用描述式，反对采用告状式。如果教师再借助孩子发展的知识来表达，就更能让家长了解自己的孩子，明确教育的方法，达到共同教育孩子的目的。如："孩子才3岁，行动时还不能考虑对方的想法或事情的后果，这是很正常的。与小朋友发生纠纷，使他能慢慢注意到别人的反应。不过，我们会注意提醒他记住规则。希望妈妈也注意一下，在家里如果孩子强要东西，也要提醒他。"

八、向家长反映幼儿发展问题的艺术

在每个家长心目中自己的孩子都是最好的，从内心深处来讲，他是极其不愿意听别人说孩子的"坏话"。因此，当你不得不告诉家长其孩子成长中存在的问题时，请一定不要太莽撞，务必小心谨慎，考虑周全后再让家长知道孩子的问题。向家长反映孩子的缺点时要特别注意艺术。

1. 不要以告状者的身份与家长交流

大多时候，孩子有问题教师总是会第一时间想到告知家长，但孩子有了进步或成绩，我们的教师却很少想到也要向家长报告。这样，给家长的印象就是：老师来电话或者老师约谈，肯定没有什么好事。因此，家长会拒绝接教师的电话，拒绝与教师沟通。

有一个刚入园的幼儿，生活自理能力很差，平时家长什么事都喜欢包办代替。一天家长来接孩子，保育员对他说："你的孩子什么也不会，吃饭、大小便、脱衣服都要人帮忙。他的能力这么差，你们家

长也不注意培养，这样的孩子将来是成不了大器的。"家长听了这一番数落，脸色由红变青，最后终于爆发了："我的孩子就是不会才来上幼儿园的嘛……"双方的关系一下子搞僵了。

有一天，一位家长向我抱怨说："我的孩子很调皮，但也很聪明，而她们班的老师总是告状说我的孩子很顽皮捣蛋，学习不认真，平时老是动手打人，身上似乎全是缺点，难道老师就没发现孩子的优点吗？比如，我的孩子很热情，会主动关心和帮助他人。"由此可见，老师总是发现孩子的问题，投诉孩子的问题，家长是不高兴的，当然也不愿意与这样的老师合作。

家长不喜欢告状者，家长喜欢平等交流者，喜欢有建设性意见的沟通者。

2. 让家长感觉受到尊重

教师在向家长指出其孩子的不足时，不能当着其他家长的面，否则，家长会觉得没面子，自然要反驳了，甚至对教师产生对抗情绪。

在每个家长心里自己的孩子都是最棒的，而教师在家长会上直接点名批评某个孩子，不但对问题的解决毫无帮助，还有可能导致家校对立，家校合作可能由此成为泡影。

我今天又接到老师的电话了，说是女儿上课时到处乱跑，扰乱上课秩序什么的。老师训得我都没有插嘴的机会，反正就是我们家长要学会从自身找原因……她说我们的孩子这么大了，做父母的都没费一点儿功夫。这是什么话？她说得我哑口无言。我心里特别难过。这个老师的态度总是这样，每次她打来电话的时候，我们都要做好精神崩溃的准备。

教师与家长沟通交流，不仅要表现出对孩子的尊重，而且要表现出对家长的尊重。这是与人交流的基本原则。

3. 建立相互信任的关系后再谈

教师只有与家长建立了相互信任的关系，才可以向家长提出孩子的问题。否则，家长可能对你反感，可能觉得你对他和孩子有偏见，甚至认为你不爱他的孩子。

为了与家长建立相互信任的关系，至少在一年内，教师要多与家长分享孩子的积极事情。如果可能的话，每天都要这样做，通过有帮助的、积极的、支持性的交流赢得家长的信任。平时，教师要努力对家长的顾虑表示出同情、理解和负责。如果你能做到这些，家长会尊重并认真对待你提出的问题。

另外，教师平时还要适度表达对孩子的喜爱之情、重视程度以及特殊照顾之处，从情感上拉近与家长的距离，这样交流起来不容易产生隔阂，更容易赢得家长的信任和支持。

刘楷，男孩，3岁，父母工作都很忙，从小由奶奶照顾。奶奶对孙子的照顾可以说是无微不至，每天送孙子来园，都会不忘向老师夸奖她的孙子。在奶奶的眼中，孙子是没有任何缺点的。而事实上，刘楷在幼儿园里的自理能力很差，脾气倔强，并且不爱和小朋友一起玩。有一次开家长会的时候，新教师想和奶奶交流一下，问奶奶孩子为什么性格这么孤僻，自理能力为什么弱。奶奶一听新教师这么说马上就拉下脸来说："你不要老讲我孙子的缺点，不然我就不送他到幼儿园来了！"新教师一时语塞，不知道该如何将这个话题进行下去。

新教师沟通失败的原因就是她刚刚来接班，没有与奶奶建立相互信任的关系就贸然提出孩子的问题，导致奶奶内心不快，甚至反感、对抗。

4. 先扬后抑

教师向家长指出孩子的不足时，最好一次只说孩子的一个缺点，并要先说孩子的一系列优点，使家长感到教师是很关注他的孩子的，是很爱他的孩子的，他的孩子有许多优点，但也有一点儿缺点。教师向家长指出孩子的缺点时，还要注意词语的选择和语调的运用。比如，不要用生气的口吻、生硬的语气说"你们家××……不好"，而应用希望的语气说"我们班的××最近的进步可大了……可是他还有一个小缺点，要是他能够把这个小缺点改掉，就更好了"，这样，家长反而会迫不及待地问孩子有什么小缺点。

因此，教师也要改变观念，平时要多发现每个孩子的优点和长处，发现孩子每天的进步，然后与家长沟通问题时，才能告诉家长孩子的优点和亮点，才能拉近与家长的心理距离，为心与心的沟通奠定基础。另外，发现每个孩子的优点和亮点，也有利于我们改变对孩子的态度，更好地对他们进行教育。

A老师直接向家长说："今天你家牛牛又在游戏时推搡小朋友了！"

B老师先说："你家牛牛今天画画很认真，进步非常大，但有攻击性行为，不会与小朋友交往，今天他又推搡其他小朋友了。"然后教师趁机提出要求："我们希望与家长互相配合，对孩子进行一致教育，来帮助他改掉这个不良习惯，使孩子做得更好。"

A老师如此直接的说法，可能会让家长觉得不舒服和没面子，进而导致家长的反感；B老师先说优点，再说缺点，然后提出要求，家长比较容易接受和配合。

5. 为家长提供一个可行的解决问题的计划

作为专业人士，幼儿教师的工作并不只向家长说出你发现的问题，关键是你必须给他们一个具有操作性的解决问题的行动计划。如果只是告知孩子的问题，无异于将他们从船上扔进汪洋大海。你还必须给他们一个救生圈——一个有效的解决问题的方案。

孩子的问题，可能家长也发现了，只是他们苦于没有找到有效的解决办法罢了。因此，作为专业人士的幼儿教师更大的责任在于为家长提供一个解决问题的具体方案——家长应该做什么，应该如何做。

另外，在交流结束后的每个星期，教师都要定期或不定期地与家长联系，看孩子是否有进步，是否需要其他帮助。

6. 遵照你的议程并适时结束

在交流前，教师就应该和家长订立会谈议程，然后按照议程来交流，这样有利于提高交流的效率。

教师与家长交流的议程包括：

（1）教师分享事实和观察到的情况。

（2）家长分享他们的观点和顾虑，提出孩子行为背后可能的原因。

（3）教师分享他的观点以及所在幼儿园的策略。

（4）教师和家长一起进行头脑风暴，讨论在幼儿园里和家里解决问题的办法和策略。

（5）教师和家长一起为最好的解决办法制订一个行动计划。

（6）确定下次会面的时间，检查计划的有效性（在谈话结束后的一两个星期，一定要和家长联系，看看孩子是否有进步，他们是否还需要其他帮助）。

与家长交流要适时地结束——每次交流以半小时内结束为宜；如果达到预期目的了，或者一方出现了厌倦情绪则可以当即结束。如果每次交流的时间都太长，家长可能就不愿意再和你碰面了。

结束前，要向家长表达谢意并提出你的希望。这时，教师可以选择用"非常感谢……接下来，我们一起努力。在幼儿园，老师会……在家里，您可以这样做……""如果遇到其他问题，我们共同探讨"这样的语言句式来结束交流活动。

案例分析

案例：畅畅妈妈这么漂亮

老师："畅畅妈妈这么漂亮啊？您是第一次来幼儿园吧？"

畅畅妈妈（笑着说）："哪儿呀，都老了。我是第一次来接他。平时上班太忙，时间上赶不及。那次家长会上见过您一次，没想到您的孩子都那么大了，您还那么年轻漂亮……我们家孩子今天怎么样？"

老师："今天上课的时候，其他小朋友都坐得很好，畅畅在那儿发呆……"

妈妈："畅畅，这样好不好？下次一定要听老师的话啊……"

老师："他还是很能干的。"

分析

在这个案例中，老师与家长的交流始于对家长外貌的赞美（畅畅妈妈这么漂亮），这本来与孩子的表现无关，但正是这些交谈营造了和睦气氛，为后续的和谐交流奠定了基础。

幼儿教师与不同职业家长的沟通术

在家校沟通中，我们教师要面对不同的家长，家长的身份不同，决定了他们的思维方式也不完全相同。这就要求遵循教育面前人人平等的总原则，依据家长的职业特点，从其承担的社会角色入手，采用恰当的沟通方式。

主题1　与全职家长的沟通术

　　随着社会的发展，伴着经济收入差距的增大和竞争的激烈，家长行列中也出现了全职家长的角色。他们或是由于家中经济条件比较好，为了全心全意照顾孩子而放弃工作在家的爸爸或妈妈；或是由于竞争激烈，自身实力欠缺，加之经济条件所限，无力承担过高的幼儿看护成本，不得不退回家中全职照顾孩子。无论是何种原因，作为社会发展的衍生角色，全职家长成为幼儿教师与之沟通的家长阵营中的一个重要的角色。

一、全职家长的教育长处与不足

1. 全职家长教育的长处

一般来说，全职家长由于全天候承担着照顾孩子的责任，因此他们对孩子倾注了相当多的精力，照顾得也比较全面。一些高素质的家长，更是带出了学习能力、动手能力、与人交往能力以及乐观自信等方面都有明显优势的孩子。同时，此类家长由于时间充裕，接送幼儿比较及时，对幼儿比较关注，因此与教师的沟通也比较及时。

2. 全职家长教育的不足

但我们也无法否认，全职家长承担了更多本应由孩子独立完成的任务。一旦家长没能意识到这是幼儿成长的需要，就会剥夺幼儿自我成长的机会，使得幼儿对家长过度依恋，影响其独立意识的形成，造成其对家长的过度依赖感和惰性心理。

与此同时，一些全职家长由于为孩子放弃了自己的事业或理想，在某种程度上，他们将自己的理想寄托在孩子身上。因此，他们在孩子身上从小就寄予过高的期望，对孩子进行了各种各样的早教，导致孩子承受着较大的压力，进而影响其正确价值观念的形成。

二、与全职家长的沟通方法

面对这些将幼儿视为自己生命和理想的寄托的全职家长，我们在与之沟通时，最重要的是要尊重其教育方式，引导其重点培养幼儿的独立性，让幼儿掌握一定的人际交往的技能。

1. 肯定其教育成就，鼓励其培养幼儿能力

对全职家长而言，孩子是其全部的精神寄托，也是他们的杰作。因此，教师在与之沟通时，首先要肯定其教育的成就，对这些家长的付出给予高度的肯定和评价，满足其个人成就感和自我价值感。为此，我们教师必须清晰地认识到全职家长教育的长处，发自内心地认可其教育的成功之处。例如在幼儿的早教方面存在着较超前的意识，对幼儿的生活照顾比较全面，对幼儿的健康比较关注，为人比较细心等。

诚如上文所言，全职家长在教育方面也存在着一些不足之处。因此，我们在肯定其成功之处的同时，也要注意鼓励家长，发展幼儿的个性，培养其独立性。

2. 科学指导，促使全职家长努力前行

全职家长由于理念先进，大多会提前钻研一些相关的育儿知识和理论。因此，教师与其在他们面前过多地谈理论知识，不如对其进行科学的引导，以鼓励的方式促使其主动发现孩子的问题，从而积极寻找解决问题的方法。

除了引导全职家长主动寻找解决问题的方法，还要鼓励全职家长放手，培养幼儿的独立性。教师在与家长的交流中，应有意无意地让其意识到，放手对孩子而言是最好的成长方式。要让家长意识到，只有放手，才能让幼儿获得更多的成长空间，才能让其在今后的成长路上成为一个独立的人，而非依赖父母的心理不成熟的孩子。

案例分析

案例：肖肖的全职妈妈

小班的肖肖家庭生活优越，妈妈全职照顾她。据肖肖的妈妈说，自从肖肖出生，肖肖的一切全是妈妈打理的。就连外公外婆来家里帮忙，肖肖的妈妈也不放心，最终为了肖肖，妈妈辞去了高薪工作，退回家中做起了肖肖的保姆。没多久，肖肖的老师们就体会到了这位全职妈妈的细心，也感受到了一种对肖肖教育的无力感。

对于幼儿来说，入园午餐是一件最为平常的事情。也的确有几个幼儿不会自己吃饭，需要保育员喂。但经过一段时间的家校沟通，家长在家中都会刻意培养孩子的自理能力，慢慢地，这些幼儿们大多能学会自己吃饭。然而肖肖却是一个特例。无论老师如何与肖肖的妈妈沟通，最终肖肖的午餐都要由保育员老师来喂。肖肖妈妈给出的理由是：等肖肖再大些就可以了。

午睡穿衣也是一个问题。别的小朋友睡醒后，在老师的儿歌声和示范下，都能慢慢学着穿衣。而肖肖却坐在床上，只是看着绝不动手。老师问她为什么，小家伙振振有词地说等妈妈来给穿。

分析

案例中肖肖的问题就是由于全职妈妈的过度照顾。一般来说，由全职家长照顾的幼儿大多由于家长的照顾过细，独立能力较差，依赖性较严重。而教师在与全职家长沟通时，也会出现这样那样的问题，尤其是建议家长培养幼儿独立性的要求，一般很难得到全面执行。

主题2　与经商家长的沟通术

导语

　　一般来说，经商家长凭着自己的智慧和努力，为孩子打下了一个安稳的物质生活环境，可以让孩子衣食无忧。在这样的家庭中，家长教育幼儿时，往往采取了放养的方式。一方面是由他们的思维决定的；另一方面则是由他们的职业特点决定的。

一、经商家长的教育特点

　　经商家长通常将关注点放在获得利润上，专注地研究行业的变化和市场的行情，因此对孩子教育的关注度相对较小，往往只注重满足孩子的物质需求。一旦孩子遇到事情求助于家长，家长总喜欢用钱来解决。这样一来就导致孩子因为缺少父母的关爱，喜欢淘气或搞破坏以引起家长的注意。孩子上了幼儿园，在与小朋友相处时，也喜欢用钱来解决问题。

　　经商家长通常会朝着培养孩子的成功感和事业心方面进行教育。很多经商家长会把孩子视作未来事业的继承人，进行经济教育和企业文化的传承。由于经商家长工作压力相对较大，在很多情况下，孩子也会经常受到督促和鼓励，以达到家长所期望的目标。

二、与经商家长的沟通方法

经商家长的头脑一般比较聪明，处事灵活。幼儿教师与他们沟通时，要针对其幼儿身上出现的问题，侧重引导家长端正育儿观念，注意亲子沟通。

1. 坦诚交流，关心体贴

对于看惯了商场上人情冷暖的经商家长来说，与其和他们谈道理，不如从最家常的聊天开始，从关心体贴他们的工作辛苦入手。在聊家常的过程中了解幼儿在家的表现，让家长放松心情，从而营造出一种和谐的沟通气氛。

须知，每天紧绷着神经工作的这类家长，平和的语言和坦诚的交流最易为其接受。所以，教师要先让家长放松，然后在轻松的环境中与之沟通育儿问题。

2. 真诚提醒，善意规劝

经商家长虽然经常忽略幼儿的心理需求，但对于成人之间的交流则相对敏感。教师在与家长轻松聊天之后就要进入正题，不必过于委婉。教师可以针对幼儿身上发现的问题，有的放矢地谈幼儿的教育，指出幼儿成长过程中亲子关系的重要性，以及家长陪伴之于幼儿的意义。

一方面，教师要让家长意识到，3~7岁是幼儿期，这一阶段的教育对于幼儿的成长相当重要。美国心理学家布鲁姆认为，一个人的智力发展如果把他本人17岁达到的水平算作100%，那么4岁时就达到了50%。4~8岁又增加了30%，8~17岁又获得了20%。可见，5岁以前是智力发展最迅速的时期，也是进行早期智力开发的最佳时期。如果在这个时期实施的教育良好，将对孩子早期智力发展起到关键作用。

幼儿在这5～6年里不断地学习：他学会了说话、走路，认识了各种事物；懂得了各种道理，还学会了不少技能。幼儿在这段时期的求知欲特别强，学习能力也特别好，而且印象特别深。在这段时期里，品德、性格、习惯、爱好在逐渐形成，是最容易接受各种思想观念的时候，家长说什么就是什么。所以对幼儿实施科学的教育非常重要，也非常必要。

另一方面，教师要让家长意识到，养育并不仅仅是金钱和物质方面的，还包括幼儿的心理需求方面。教师要用具体的事例让家长意识到，用金钱教育孩子，容易误导幼儿，伤害幼儿的情感。家长要意识到，对幼儿而言，快乐的意义在于和父母在一起，而不是物质和金钱的多少。倘若家长忽视幼儿的这种心理需求，就会导致幼儿想尽办法吸引家长的注意力，进而做出各种破坏性行为，甚至形成不正确的价值观，即金钱至上，对人过于冷漠，不会与人进行情感交流。

案例分析

案例：兵兵的经商父母

对于幼儿兵兵的家长，刘老师特别头疼于和其沟通。兵兵的父母是一对年轻的商人。夫妻二人各自经营着一个店面，家庭经济条件特别好。但也正是这个原因，这对夫妻基本上没时间照顾孩子，兵兵的养育落在了爷爷和奶奶的身上。两位老人在孩子的照顾和抚育上会存在这样那样的问题。加之，孩子的教育要多与家长沟通，幼儿园老师只能不断地与兵兵的父母沟通。刘老师之所以头疼和无奈，就在于这对夫妻在孩子的问题上并非不关心，而是总爽约，或是动辄与刘老师说，能不能花钱请人帮着解决。面对这种以钱说话的家长，刘老师感到特别无力。

分析

案例中兵兵的家长就是典型的经商家长。他们由于长期从事经商活动，身上烙下了太多商业的气息。当然，在孩子的教育上，也有着其特定行业的特点。

主题3　与外来务工家长的沟通术

导语

据统计，当今全国有流动人口 2 亿多，这些家庭的幼儿教育相当薄弱。这种家庭的幼儿父母长期在外务工，因此在幼儿的教育上，其家庭支持功能相对较弱。

一、外来务工家长的教育特点

外来务工家长在亲子教育上存在严重的缺陷。

亲子教育是指父母对孩子的教育，是家庭教育的重要组成部分。人们常说，父母是孩子的第一任教师。父母是孩子最亲密的人，父母的言行会直接影响孩子，父母的世界观、人生观也会有意无意地影响孩子。很多事实证明，孩子能成为超凡卓越的成功人士，并不需要具有超越常人的智商和天赋，更需要的是具有良好的"情商"。情商是需要父母在与孩子的沟通、交流中慢慢培养的，而这些外来务工子女的家庭教育功能严重弱化，甚至缺失。一些家长本身文化素质较低，对于孩子的行为习惯的养成比较忽视。加之父母不懂教育方法，不讲究教育方法。因此，幼儿教师在与此类家长沟通时，侧重于指导他们对幼儿的行为习惯的培养，提升其幼儿教育的意识。

二、与外来务工家长的沟通方法

尽管外来务工家长的文化层次大多不高，但这些家长身上有着可贵的品质，就是愿意配合幼儿园的工作，对幼儿教师的指导虚心接受。教师与之沟通时，注意以下几点：

1. 侧重方法的指导，注重习惯的养成

外来务工家长因时间和精力有限，一般对于幼儿的日常行为习惯特别忽视。而幼儿行为习惯的养成对于他们的成长影响巨大。因此，教师要指导这些家长在平时的生活中注意培养孩子的行为习惯，可以让其针对孩子的问题，一件一件地来解决。比如针对孩子吃饭的问题，可以让家长注意，在家中提醒孩子饭前洗手，饭后漱口。对于孩子的睡眠问题，要提醒家长在家中合理安排时间，不能因为工作而耽误孩子的休息。当然，在指导方法的同时还要注意与家长及时沟通，让家长将对孩子习惯的培养坚持下去，方能见到成效。

2. 尊重家长，培养信心

外来务工人员大多从事着较辛苦而地位并不高的工作，因此一些当地人会对其另眼相看。这就要求我们教师在与之沟通时，尊重家长、平等相待。须知，他们身上也有可贵的品质。教师要在表达尊重的同时，用自己的言行让家长收获信心和希望，进而激发其教育孩子的信心。教师要将幼儿在园里的表现经常与家长交流，让家长为自己的孩子自豪，从而增强其自信心和积极性，进而积极参与到幼儿教育中去。

当然，对于一些外来务工家长的成功的育儿经验，教师可以请他

（她）在家长会上向大家介绍。这样不但可以做到方法的共享，而且可以激励这些家长的育儿信心，进而提升其家校沟通的积极性。

案例分析

案例：晓晓的外来务工爸妈

晓晓的爸爸妈妈是外来务工人员，4岁的晓晓在进入幼儿园后就表现得和寻常孩子不同。她基础差，不像其他孩子有一定的识字基础；不讲礼貌，经常随便动小朋友的东西。原来，晓晓的爸爸妈妈因为早出晚归，晓晓或者自己在家，或者被送到邻居家中托人照顾。父母没时间教她认字，加之条件有限，晓晓不能获得更多的物质上的满足，因此对其他小朋友的玩具和物品非常喜欢，常常不由自主地动手动脚。

唐老师注意到了晓晓的这些特点，一次离园时，提醒了晓晓的妈妈。结果晓晓的妈妈当着唐老师的面就训斥晓晓，下次如果这样，就让她爸爸打她。随后，晓晓的妈妈向唐老师保证，一定好好教育晓晓。然而，望着晓晓一脸委屈的小模样，唐老师不知道说些什么。

分析

幼儿晓晓的家长属于典型的外来务工家长的代表。这一类型的家长身上具备着吃苦耐劳的可贵品质，但与此同时，生活和文化素质的原因，他们在幼儿教育上存在着一些缺点和不足。

主题4 与教师家长的沟通术

教师是教育的中坚力量，但不同的教育阶段，教师的定位和教育方法也不同。同样是教师，幼儿教师承担的任务和中小学教师的不同。因此，作为同行，我们应该认识到其他教育阶段教师家长的教育特点，注意与他们沟通的方法。

一、教师家长的教育特点

相对别的职业的家长，教师家长更能知道教育的重要性。因此，他们也更能注重对幼儿的教育，可以积极配合教师的工作。

教师家长对于幼儿教育更加系统化、规矩化，能给幼儿从小就灌输知识，让其有着良好的学习习惯。

教师家长勇于承担责任的另一个表现是，当孩子发生阶段性问题的时候，家长不是简单地归咎于孩子的不是，而是把这些问题的根源挖掘清楚。孩子从小长到大，不可能一下子就变成坏孩子，也不可能一下子就沾染上坏毛病，出现问题之后，家长首先会分析清楚大人在此所负的责任。教师家长的不同之处在于，敢于直面问题的根源，从根源去解决它。所以说，真正把孩子培育好主要靠家长，学校的教师不可能触及这么深入，直到灵魂深处。

但不可否认的是，职业特点在这类家长身上打下烙印，他们会对孩子要求比较严格。尤其是一些中小学教师家长，他们因为工作忙，精力有限，对幼儿也存在着忽视教育或教育不当之处。

因此，与此类家长沟通时，教师要注意自己的方法与态度，以谦虚和探讨的态度与之交流，让对方获得信任的同时，开展顺畅的家校沟通。

二、与教师家长的沟通方法

一般来说，身为教师的人条理性比较强，分析事情的逻辑性也比较强。教师与之沟通时，注意采用以下方法：

1. 充分尊重，征询为主

教师的职业决定了其多以指导者的身份出现。因此在与此类家长沟通时，我们要本着充分尊重的原则，与之采用征询的方式进行沟通。这样一来，首先就给家长以良好的印象，使之对我们的为人和做事比较认可，进而在双方之间架设了沟通的桥梁。

2. 注意沟通方式的艺术

一般来说，教师家长还有这样的一个特点：认真而执着。所以，在与此类家长沟通前，一定要做好充分的准备。在与其谈论孩子在幼儿园表现时，尽量以积极的态度，正面的表扬，通过一些具体的或细小的事情概括孩子在幼儿园的情况。这种交流方式符合教师的思维，也利于说服家长，增加事实感，让家长感受到教师的用心，也利于家长敞开心扉，双方共同探讨孩子的不足之处和相应的教育方法。

3. 多听取对方的意见

教育在人与人之间是相通的，但不同年龄段的孩子，教育方法也不同。因此，教师在与教师家长沟通时，要注意多听取家长的看法，从中收获灵感，找到更好的教育方式。这样不但让自己获得提升，也让对方认可自己的专业和职业性，从而促进双方交流的进一步深入，有利于教育效果的提升，也有利于家校沟通的效果。

案例分析

案例：小明的从事教师职业的妈妈

某天早晨，王老师带上午班，七点半开始有一两个孩子来幼儿园了，送他们来幼儿园的父母们在孩子进班级后就离开了。这时，有一位家长却刻意停留了一会儿，王老师认出是小明的妈妈，是自己的同行。王老师明白，肯定是小明的家长有事与自己沟通，于是马上走上前，微笑着与她攀谈起来。

在几句开场白后，这位母亲马上就向王老师询问起儿子在幼儿园的表现。王老师很理解她急于了解儿子在幼儿园情况的心情，因此，像作报告一般地告诉她孩子这一阶段的进步。听到王老师的表扬，这位妈妈脸上露出了自豪的笑容。她开始讲起孩子在家里的表现。在提到孩子有进步的方面时，她看着王老师，眼神里透露出期望得到赞扬的讯息。王老师也适时地以惊叹的口气表达自己对此事的看法。也许是王老师认真的倾听让她感受到了老师的真诚，这位母亲也以一种平等的态度、诚恳的语气向王老师分析孩子的性格，并指出了孩子在学习、生活方面的不足。王老师听完没有立即发表看法，而是先客观地陈述了孩子在幼儿园的情况，最后才说"如果他能……那就更好了。"这位母亲一听，马上就明白了，她一边表示在家尽力帮助儿子改正，一边感谢老师对她儿子的关心和照顾。

时间很快就过了半小时，教室里的孩子越来越多了。王老师点了一下头，接过她的话，向她暗示时间差不多了，她也立刻会意地结束了话题，有礼貌地打了声招呼离开了。

分析

从案例中我们可以看到，这是两位同行之间的交流，有情感的共鸣，也有不同领域的探讨。

主题5　与海归家长的沟通术

如今幼儿园的幼儿家长一般是80后的年轻人。这些年轻人中的一部分人早年留学国外，在国外学习和生活过一段时间，在思维和理念上，与国内的家长有着明显的不同。他们更加追求教育的开放性，也更加注重幼儿教育的质量。

一、海归家长的教育特点

海归家长中的一些人，不但眼界开阔、思维活跃，而且对于育儿有着自己独特的见解。甚至一些家长掌握着一手的国外育儿理论，对国内育儿方法和思想心存疑虑。对于子女教育的选择，海归的矛盾在于，既想让孩子不丢掉中国的传统文化，又想让孩子接受国外先进的教育理念。

面对这样的家长，幼儿教师要调整自己的心理，以积极的态度与家长沟通，承认其高明之处，但也要看到他们的观念与国内观念或实际情况的差距，采用恰当的方法与之沟通。

二、与海归家长的沟通方法

与海归家长沟通时，幼儿教师要重点与之探讨育儿方式，为其提供针对性的服务，而不要与之探讨教育观念。

1. 避开观念，专注方法

之所以与海归家长避开观念的探讨，是因为无论我们如何与之争论，观念的问题辩不出对与错。相反，这样的争辩反而会暴露我们在某些方面的不足。须知，对于可能不曾迈出国门的我们来说，与走到世界的另一侧的他们相比，我们在观念和眼界上的确存在不足之处。因此，坦然地避开这些观念问题，与之专注地讨论方法问题才是上策。

2. 认真倾听，科学对待

可以说，一些海归家长关于育儿方法和观念是正确且先进的，对于这样的方法，我们可以吸取和学习。但我们要注意的是，方法与我们的国情要相符，要注意认真倾听，不能冷淡对待，更不可拒绝。否则，我们会被家长视为冷淡偏执，影响双方的沟通。

但倾听并不代表全盘接受，我们对于家长提出的要求，要客观分析，在力所能及的情况下，尽可能满足家长的请求，而不是事事如其意。当然，我们还可以采取委婉的方式，曲线达成家长的愿望。

妙妙老师的班上有三对海归家长。其中，杰克的家长对于杰克的教育最为关注。他曾在国外从事过教育，因此对于教育理念的理解相当深刻。杰克的家长无奈于国内幼儿教育理念低，因此在与妙妙老师沟通时，请求妙妙老师能尽可能让杰克保留阅读一些国外绘本的权利。妙妙老师经过思考，同意了杰克爸爸的请求。

从此之后，在区域活动中，每逢杰克讲故事，妙妙老师就请杰克讲一讲国外的绘本故事。于是，杰克一会儿用中文，一会儿用英语讲着一些故事，没想到，孩子们也愿意听。杰克受到鼓励，回家后看国外绘本的积极性更高了。对此，杰克爸爸特别高兴，和妙妙老师的沟通也更加频繁。

案例分析

案例：汤姆的海归父母

杨老师最近特别郁闷，原因是班里来了一名小海归。孩子名叫汤姆，其父母是留学生，前几年一直在国外工作，因为看到国内机会多，就带着孩子回国工作。小海归汤姆的思维灵活、眼界开阔，但有许多习惯与班里的孩子不同。尤其是园里规定的一些作息时间，小海归汤姆总不遵守。对此，杨老师和汤姆的爸爸妈妈沟通过多次，但得到的结果就是要尊重孩子的个性，不能约束孩子。

分析

事实上，杨老师遇到的情况并非特殊。越来越多中国学生去国外留学，他们在国外生活和工作一段时间后会回国。当其子女进入幼儿园后，我们就要面对与这种接受过西方文化和思想教育的家长的沟通问题。

专题五

幼儿教师与不同性格
家长的沟通术

目前，在幼儿园生活的孩子，一般是2018年以后出生的，他们的父母绝大多数是30多岁，1990年以后出生的。"90后"身处社会生活急剧变革的大环境中，经历了儿童、少年、青年阶段，从幼稚走向成熟，他们身上不可避免地带有深刻的时代烙印，会影响甚至支配他们的思维方式和行为方式。在为人父母以后，也会影响和支配他们培养教育子女的思想和行为。因此，面对不同个性的"90后"家长，教师更要讲究沟通的方法和技巧。

主题1　与强势家长的沟通术

导语

　　有这样一群家长：可能他们知识丰富，是深谙某一领域的专业人士；可能他们握有一定的权力，是一方的父母官，或是主管某一部门的领导；可能他们支配一定的经济资源，是某个国企高管，或是一小有名气的民企老总……与幼儿教师相比，他们是有着经济社会地位优势的强势家长。他们的惯性思维、说话和行为习惯，可能与幼儿园的教育理念和理想相冲突。同时，幼儿教师也可能因为他们所处的经济社会地位而走入区别对待家长、幼儿的误区。在这些问题面前，幼儿教师该用什么样的态度、策略去化解冲突与矛盾，从而走出教育误区，形成良好的家校互动？

一、强势家长的类型及特点

　　就现今的大环境而言，教育成为社会关注的焦点，对学生，尤其是幼儿权益的保护提到了一个比较高的地位，媒体的报道、法律的条文都比较多地把学校和教师放在了被监督的位置上。在与学校教师打交道的过程中，家长更容易获得社会舆论的支持，这也从另一个侧面推动了幼儿家长变得更为强势。

　　那么，强势家长有哪些类型呢？让我们一起来盘点一下。

1. 知识型强势家长

此类家长有一定的知识、修养，有着丰富的社会阅历。他们一般比较重视对孩子的教育，能经常细致观察自己孩子的表现，在教育孩子方面他们有自己的想法，对于教师的教育方式与方法不一定完全认同。他们希望教师能够按他们的意愿去做，希望自己的小孩能够获得更好的待遇。与这样的家长打交道，教师们也是比较为难的。这些家长往往比较在乎面子，不愿意听到教师说自己的孩子不好；在问题的处理上，他们往往更多地关注自己的孩子有没有受到特别的照顾，而不是就事论事地解决问题。

2. 性格型强势家长

还有一部分家长的强势来自于性格，他们或是有些自卑，总怕别人欺负自己，欺负自己的小孩，于是便处处强调自己的观点和做法，稍遇阻碍，就大发脾气；或是有着强烈的掌控欲，遇到具体的问题，总希望所有人都能够认同并遵从于他，从而显示自己的强大与控制力。拥有这种性格的家长，往往以自我为中心，习惯于更多地考虑自己的利益，从自己的角度出发，让人认同他的重要性，从而获得被尊重感和成就感。对于教师而言，与这样的家长相处自然也很难愉快，因为他们普遍缺乏为他人着想的能力。

二、与强势家长的沟通方法

面对强势家长，教师要认清其性格，针对其积极、主动的个性，采取以柔克刚的沟通策略，注意沟通的技巧。

1. 给予尊重，体现自我

对教师而言，要想和强势的家长沟通好，首先就要在给予对方尊重的同时，体现教师自我的个性与价值。这就要求我们面对此类家长时，要正视自己的不良情绪，主动积极地调整自己的心态。相当多的人在与强势的人或群体交往时都有不自觉的回避倾向，因为对方的强势会对我们的尊严、自我认同形成挑战，会让人感觉很不舒服。尤其是教师，自己平常也比较习惯于以强势的方式出现，对自尊、自我价值看得很重，遇到挑战时情绪反应也就会更为激烈。如果带着这样的情绪进入交流，那么往往就很容易失去冷静，引发冲突。为此，我们要冷静下来，明确自己的定位，不因为对方强势的态度、地位而失去自我，那么面对家长的强势表现就能够更为自如。

2. 平和心态，就事论事

教师要与强势家长相处好，还要认识到教师与家长在对待孩子的问题上确实存在差异，家长的很多意见如果从他的角度来看很多时候也是有道理的。比如说教师看待幼儿的问题更多地从全体幼儿的角度来看，是从幼儿全体的发展角度来看；而家长则更多地从幼儿个体的角度出发，关注的是自己孩子这一个体的发展。这就需要我们教师突破自我的心理局限，不把家长对自己的挑战看成是无理取闹，而是看作沟通的一种。懂得保持相对开放的心态，避免接收到的新信息被个人的原则、道德倾向所扭曲，能够更为客观地对待家长的意见，以平和的心态对待家长的任何表现，就事情与家长讨论，而不与其进行更多其他问题的延伸。

3. 注意技巧，满足心理需求

在某种程度上，强势的家长一般优越感比较强，在个性上表现为比较强势。他们喜欢自己的孩子处处比他人强，总爱与他人攀比，希望自己的孩子得到任何表现的机会，而不能受一点点委屈，不喜欢听到任何与自己孩子相关的负面信息。那么教师在与之交流孩子的问题时，就要注意先赞扬家长对孩子的积极关注，肯定其有着良好的教育思想和观念。在家长大大提高对教师的接纳程度后，再引出孩子的问题，就孩子的问题以讨论的方式与家长交流，引导其找到问题的症结，主动提出解决方案。这种不强迫、不居高临下的指导，与强势家长的思维方式相契合，易于获得强势家长的认同，进而促进家校沟通的顺利进行。

案例分析

案例：冰冰的强势妈妈

马老师所教的大班有个叫冰冰的小朋友，性格外向、活泼，平时总爱拍拍这个小朋友的肩膀、踢踢那个小朋友的腿，手脚特别好动，很令老师头疼。可是他的妈妈每次送他上幼儿园都会嘱咐老师们："好好看着他点儿啊，别让别人欺负他啊。"前几天区域活动时，冰冰选择了画《我的老师》。刚开始马老师守在他的身边，看着小朋友们画，他还挺老实。这时图书角的林林告诉马老师她的书不小心撕破了，让马老师帮着粘好。马老师正在粘书时，突然听到冰冰的哭声。马老师赶快走过去，天哪，冰冰的身上有好多条用油画棒画的线。经询问确定是鹏鹏做的。老师询问原因，原来是冰冰不让鹏鹏在纸上画画，鹏鹏一怒之下就画到冰冰的身上了。马老师批评了鹏鹏，并让他向冰冰道歉。

结果离园时，冰冰的妈妈听到这件事后，并没有说什么，随后就带着冰冰回家了。接下来的几天，冰冰的妈妈在接送冰冰时，都用怀疑和不信任的眼神看着马老师和她的同事，给人的感觉相当犀利，仿佛随时就可以指责老师们一样。马老师真心觉得，对于这样的家长，不知道怎么沟通。

分析

　　当前，一旦幼儿出现问题，首先问责老师，于是老师感觉身上的镣铐枷锁越来越多。尤其是当遇到懂得一些教育知识却又不系统的家长，更是感觉应对无术。出于对孩子的爱，这样的家长会自觉不自觉地给教育带来很多的麻烦。案例中冰冰的家长就属于强势型家长。在生活中，这种家长一般会被人称为泼辣。要与强势家长沟通，我们首先要了解其性格的成因。人际交往中，强势是一个相对的概念，通常是指处于优势地位、更具掌控力的那一方。在普通人的经验里，老师与家长的交往里，老师是更处于强势地位的，因为交流的焦点是幼儿，交流的问题是幼儿的教育，显然作为专业教育者的老师应该具有更多的发言权。但在实际生活中，事情却没这么简单。我们的很多家长在社会地位、知识能力或是经济实力上相对老师具有更多的优势，也形成了较为多元的教育观，对于孩子的教育不再是完全依赖老师，而是有了自己的看法。简单来讲，他们不再是老师说什么就听什么，而是要发出自己的声音，要影响和左右老师的决定，也就成了强势的家长。

主题2 与暴躁冲动家长的沟通术

导语

　　幼儿教师遇到"知识分子型"的家长，能与他进行对话沟通，如果遇到的是"冲动型家长"，那可真是"秀才遇上兵——有理说不清"了。那么，面对这类家长，幼儿教师又该如何与他们沟通呢？

一、暴躁冲动家长的特点

　　心理学研究表明，暴躁冲动的人属于胆汁质。他们脾气暴躁，做事粗枝大叶，思维不够缜密。此类人平时就比较粗心、易怒，尤其是涉及自己的孩子，表现更欠佳。这类家长遇事不善于动脑思考，思维不缜密，遇到孩子的事情更容易不经思考就冲动做事。他们极易形成偏听偏信的个性，在家校沟通中属于易冲动、难沟通，但沟通顺畅后工作积极配合的类型。

　　个性使然，此类家长在遇事冲动发怒时，并非针对某一个人，而是针对某一个群体，如幼儿园的每位教师甚至园长。他们在盛怒之下，甚至会冲动行事。

二、与暴躁冲动家长的沟通方法

　　面对这种类型的家长，我们教师最重要的一个原则就是冷静，保持镇定的同时，查清事实，解释清楚，帮助家长消除误会，平复其情绪。

1. 先冷静下来

与暴躁冲动家长沟通时，首先要做的就是保持冷静。当对方情绪激动时，你不应该采取相同的态度。相反，你应该保持冷静，试图缓解对方的情绪。这样可以帮助对方平静下来，解决问题。家长怒气消除后，一般会因为自己的冲动而不好意思。这时，你就要发挥大度的胸怀，主动将和解的梯子递过去，让家长不至于尴尬。这样一来，家长感怀于你的宽宏，必定在下一次的时候细加思量。

2. 了解对方的疑虑和担忧

与暴躁冲动家长沟通时，你应该了解他们的疑虑和担忧，试图理解他们的实际情况。这样可以帮助你更好地为他们提供帮助和建议。

3. 提供有建设性的建议

与暴躁冲动家长沟通时，你应该提供有建设性的建议，而不是批评或责备。这样可以帮助对方认识到问题的严重性，并为他们提供有效的解决方案。

4. 面对问题而不是人

与暴躁冲动家长沟通时，你应该面对问题而不是人。这意味着你应该对议题进行探讨，而非指责对方。在这一过程中，你应该尽力避免对方攻击你，并尝试从对方的角度思考问题。

5. 给予对方尊重和赞赏

与暴躁冲动家长沟通时，你应该给予对方尊重和赞赏，表达自己的理解和关心。这样可以建立与对方的互信，使沟通更加顺畅和有效。

6. 与他们建立联系

与暴躁冲动家长沟通时，你应该与他们建立联系。这意味着你应该了解他们的需求和问题。这样可以使你掌握合适的沟通方法，促进沟通的顺畅。

案例分析

案例：小翔的暴躁爸爸

马老师班有一个叫小翔的小男孩，在吃饭时特不专心，总要和别人讲话，要不就是自己不吃，东张西望地看别人吃，小屁股不坐椅子，总抬起来。马老师考虑到孩子可能还不适应幼儿园的集体生活，所以对他的行为比较包容，经常喂他吃完。后来，马老师慢慢地对小翔的进餐问题加强了指导与教育，特别是在天气渐渐转凉后，更是要求小翔大口大口地安静吃饭，否则饭凉了吃了会肚子疼。对于老师的这些教育，小翔无动于衷，依旧是吃得很慢很慢。于是马老师开始对他采取措施：先在旁边提醒他，让他坐端正了吃。可效果不好，老师不在他身边，他又不吃了。在试了好几种措施都没什么效果之后，马老师没办法，只能让他一个人单独趴在矮柜上吃饭。马老师在旁边监督，同时又能替其他孩子添饭，一举两得。嗨，这办法还真灵，他很快就吃完了，马老师也表扬了他，同时还对他说："看，没人讲话、没人看了，吃饭也就快了。"第二天，马老师继续让他趴在矮柜上吃，他又很快地吃完了，看来用这方法不出一个星期，他会养成好的进餐习惯。可事情偏偏就在第三天发生了。

这天早上，马老师在门口迎接家长，和孩子打招呼。这时小翔的爸爸怒气冲冲地走过来对马老师说："你们怎么可以让我的孩子一个人站着吃饭，他本来就胆小，你们这样做，使孩子感到很害怕，更加胆小了。"听了小翔爸爸的话,马老师也一时愣了,不知道如何是好,只是忙说:"小翔吃饭太不专心,太慢了,我们只是让他养成能独立吃饭的习惯。"听了马老师的解释,小翔的爸爸不但没消气,还说马老师的教育方式太不人道,是对他的儿子进行体罚。场面一时僵住了。

分析

　　案例中小翔的爸爸就属于典型的暴躁家长。面对这样的家长,我们应当冷静下来。这个时候老师就像是一块海绵,把家长全部的东西都吸收,然后挤干净,再和家长好好地讲道理,才会有效果。总而言之,与暴躁冲动家长沟通需要采取正确的方法和态度,从而帮助对方理解问题及解决问题。在沟通过程中,我们应保持冷静,以问题为主,给予对方尊重和赞赏,并与对方建立联系,这样才能使沟通发挥其最大效果。

主题3　与多疑敏感家长的沟通术

导语

　　多疑敏感的家长情绪很容易受影响，一点儿小事都会引起情绪的波动。该类型的家长性格敏感，遇到问题时容易怀疑和不安。对教师缺乏信任，当孩子在幼儿园遇到问题时会往不好的方面考虑，容易产生误解。那么，对于这类家长应该如何与之沟通呢？

一、多疑敏感家长的特点

　　心理学研究表明，多疑敏感的性格的形成与其经历和环境有关。一方面，这种性格的人或许从前遭遇过挫折，体验过深；另一方面，或许是由于挫折引起的一种心理防御，如轻信别人，轻视自己所面对的事物，最终让自己遭受了巨大的挫折，并长期保留着对挫折经历的深刻体验，使得自己矫枉过正，从一个极端走向另一个极端，不敢相信任何人和事。还有可能是由于在某些方面受过挫折或者打击，自我感觉不如别人，产生了自卑心理，进而认为别人在议论自己，看不起自己，算计自己。还有个原因就是认知方式的偏差。须知，多疑首先是由于人们的认知方式出现偏差。这种以点概面、以偏概全、循环论证的认知方式使得个体在认识周围事物时产生知觉、归因等偏差。

基于这种性格产生的原因，我们可知，多疑敏感的人会极度缺乏安全感。在平时他们这种性格的表现并不强烈，一旦遇到事情，表现就会特别明显。长期下来，家长的这种性格也会影响幼儿的性格，进而使幼儿产生不安全感，影响幼儿的身心健康。

二、与多疑敏感家长的沟通方法

多疑敏感的家长对人极其不易产生信任感。因此与这类家长沟通时，教师首先要注意采用恰当的方式打开家长的心结，并引导家长改变自己的认知，从而减少对幼儿的影响。

1. 引导家长以积极的心态看事物，学会自我放松

在家校沟通中，家长和教师之间的坦诚交流相当重要。多疑敏感的家长极难与老师坦诚交流，因此教师要尽可能想办法让此类家长敞开心扉，与老师坦诚交流。这就要求我们教师在与家长沟通时，注意多倾听，适时引导，给出科学的建议，让家长一点一点改变，能以积极的心态看待事物。

同时，教师还要教会家长自我放松的方法，如运动法、深呼吸法、音乐法。总之，让家长从理性上认识到自己的个性的不足之处，学会控制自己的情绪，调整自己的心态。

2. 保护隐私，注意界限

对于多疑敏感家长，教师在与之沟通时一定要注意相处的原则。一方面，对于对方告诉自己的相关的事情，要严格保密，更不能主动打听；另一方面，教师要尊重家长的人格和隐私，不能将家长与自己交流的内容向第三方传播，以保证不辜负家长对自己的信任。

3. 提醒影响，科学教育

教师除了要提醒家长注意调整自己的情绪，还要引导家长意识到自己的情绪对孩子的危害。教师还要引导家长学会在生活中与幼儿相处的技巧，尊重幼儿，不去追问或打探幼儿的内心想法。这样一来，就不会增加幼儿的压力，从而让幼儿放松情绪，快乐成长。

4. 注意沟通的艺术与技巧

与敏感多疑家长沟通时，教师更要注意讲究沟通的方法与技巧。教师要在平时拉近与家长的关系，家长接送幼儿时，热情打招呼，主动反馈幼儿的情况，并在幼儿发生任何事情，包括好事或不好的事情时，及时告知家长，尤其是幼儿表现好的事情。这样一来，家长听后非常高兴，就会拉近家校关系，逐渐加深对教师信任感。

此外在家校沟通时，教师要牢记眼见为实的原则。多让家长看一看孩子的表现，如放学时让家长看幼儿的作品或获得的奖励，借助孩子的表现拉近家长与教师的关系，促进双方的交流。

案例分析

案例：飞飞的多疑敏感的妈妈

一天晚上，齐老师接到了幼儿飞飞妈妈的电话。电话中，飞飞的妈妈怒气冲冲地告诉齐老师，班上新来的张老师把他儿子的耳朵撕裂了，现在她人还在外地出差，明天一早赶回。听到这个情况，齐老师立即先询问孩子的状况，飞飞的妈妈告诉齐老师，飞飞的爸爸陪伴在身边，孩子现在情绪很稳定。于是，齐老师又向飞飞妈妈了解事情缘由。原来，飞飞的爸爸回家后无意中发现飞飞的耳朵上有血迹，仔细查看后，在耳朵的内侧还发现一道伤口。爸爸询问孩子耳朵怎么会流血，孩子说不知道；问孩子是不是又打架了，他说没有；再问，今天被老师批评了吗，他说有的；爸爸问是不是老师打你了，孩子说，他今天上课讲话，张老师摸了他的头；又问那有没有碰耳朵呢，孩子说有的。"齐老师，这不明摆着就是张老师把我家儿子的耳朵撕裂了吗？"飞飞妈妈很生气地说，"我要告张老师虐待儿童，还有你们幼儿园必须立即辞退张老师，并给我一个合理的解释。"

听了这么多，齐老师大概了解了事情的来龙去脉。于是，齐老师首先安抚孩子妈妈的情绪，告诉她现在带孩子去医院查看病情最重要，自己现在就去飞飞家带孩子去医院。飞飞的妈妈听了连忙说："齐老师，谢谢你，孩子现在没关系了。"接着，齐老师又对飞飞妈妈说："孩子没事，我们就都放心了。虽然飞飞平时总是调皮捣蛋，上课也不专心，为此没少挨老师批评，但我认为张老师是不会打孩子的，因为我和张老师搭档很多年了，她是一位很爱孩子的老师，而且我们有很严格的园规：不允许体罚和变相体罚孩子。"紧接着，齐老师打电话给张老师，仔细询问幼儿园发生了什么事情。张老师说飞飞上课自己不听讲还去打扰别人，她就轻轻拍了拍他的头，告诉他要听讲学本领，没碰他耳朵呀。齐老师知道这件事是一个误会。第二天，当着飞飞爸爸妈妈的面，齐老师问飞飞说："今天耳朵还疼吗？"孩子说："不疼了。""那昨天耳朵怎么受伤的呢，是老师打你了吗？"孩子又说："没有。我耳朵痒，抓的。"齐老师立即检查了飞飞的指甲，发现指甲的确有些长。误会消除了，但飞飞的妈妈坚持是孩子怕老师，不敢说实话。

分析

　　案例中飞飞的家长就属于多疑敏感家长。敏感多疑的家长遇到问题总是充满了怀疑与不安，这类家长很难建立起对教师的信任，因此教师应主动与其沟通。教师要了解家长的特点，敏感多疑是缺乏安全感的体现，造成敏感多疑的原因有很多。有的是性格的一部分，有的是经历过挫折和伤害形成的，有的是因为长期的压抑积累无法疏解。当人们在生活或者工作上遭遇不顺心或者挫折事件时，敏感多疑的人就会受到刺激。通常，女性比男性更容易体验敏感多疑带来的痛苦，并给幼儿带来危害。敏感多疑的人会将负面情绪影响身边的人，尤其易导致幼儿的紧张和不安。敏感多疑的家长经常不快乐，但他们意识不到这种敏感与不快乐也会悄悄地感染幼儿。因此，教师有必要通过合理的沟通方式提醒并开导家长，避免这些消极因素对幼儿的不利影响。

主题4　与自我型家长的沟通术

导语

　　家长在孩子成长和发展中起到至关重要的作用。为了让孩子能够在学校中脱颖而出，很多家长会尽力提供各种机会，让孩子多接触，广泛学习各种技能、知识。这种家庭教育方式似乎无可厚非，但也造成了一些负面的影响。家长们把对孩子的爱，对孩子的期望，甚至对孩子的未来，都放在一个比较狭窄的领域内，就是为了让自己的孩子在学校中表现更好。而在此基础上，家长很容易成为一个自我型家长。那么，对于这类家长，教师应该如何与之沟通呢？

一、自我型家长的特点

　　所谓自我型家长，是指那些遇事喜欢从自己的角度思考问题，对他人的看法不以为然甚至不放在心上的家长。这种家长在平时的家校沟通中，面对教师指出的自己孩子存在的不足，会持不以为意的态度，认为孩子还小，长大了自然就好了。他们盲目相信自己的想法和看法，不在意教师的建议。

　　自我型家长还有一种表现，他们认为，一旦将孩子交给了幼儿园教师进行教育，那么孩子的问题就只与教师的教育有关；甚至一些自我型家长以自我为中心，不关心孩子的教育，总以自己工作忙为理由，很少与教师交流孩子的情况。

这些不同类型的自我型家长的心态，都会造成家校沟通的缺失或者不畅，对幼儿的教育形成障碍。

二、与自我型家长的沟通方法

自我型家长的表现虽然多种多样，但针对其自我这一特点，我们教师在与之沟通时，要主动出击，抓住特点，个个击破。

1. 自以为是型家长

对于这种自我型的家长，教师在与之沟通时要注意抓住其性格特点，巧妙采取恰当的方法与之沟通。这种家长自以为是的特点，恰好是我们沟通的切入点。教师首先要注意保持倾听的态度，认真听取他们的看法；然后在对方的自以为是的心理获得满足后，由其观点展开，就孩子的问题引导其发表看法，抓住其看法，摆出教育孩子的方法，顺藤摸瓜，激其出手。

这种激将法，对于这种自我型家长不但可以起到促其行动的作用，而且让其感到自己被重视、被尊重，从而让家校沟通得以进行。

2. 放任自我型家长

这种家长的突出表现为以自我为中心，不考虑幼儿园和教师的感受，一厢情愿地认为幼儿的教育理应由幼儿园教师来承担。对于这种类型的家长，最重要的是唤起家长的责任意识。为此，教师可以采用家长面谈的方式，将家长约到幼儿园与之交流，谈幼儿教育中家长和教师的责任，从而引导其增强责任意识和教育的责任感。

教师还可以借助第三方的力量，促进这种类型的家长提升责任感和责任意识。

除此之外，教师可以采取布置作业的方式，让这种家长承担明确的教育任务，如检查幼儿的某项作业、安排与幼儿进行某种活动。借助具体的事情，迫使家长承担相应的任务，培养其教育的主动性和积极性。

3. 回避自我型家长

此类家长总是以各种借口回避自己理应承担的教育责任，这是极其自我且自私的表现。对于此类家长，教师与之沟通时要保持耐心和情绪的稳定，增强沟通的主动性。

一些教师遇到此类家长通常会丧失沟通的信心，从幼儿发展和教育的角度而言，这是相当不应该的。身为教师，我们承担着教育下一代的责任与义务，面对家长的自我和回避，我们不应该以其人之道还治其人之身，而是要意识到自己的责任和义务，多些耐心，引导家长走上主动沟通的道路。

为此，我们可以采用电话约谈或家访的方式主动与家长沟通。在与家长交流时，以真情打动家长，如"非常感谢您百忙之中与我就孩子的教育问题进行交流"。此类语言不但可以表达自己的心声，而且可以促使家长反思，引导其意识到自己的责任，进而在下一次沟通时有所改变。

切记，每一次家长的极小进步，我们都要表达感谢之情，给予肯定和鼓励。如此一来，家长就获得了正向的激励，从而更积极地与教师沟通。

案例分析

案例：睿睿的自我型妈妈

一天，林老师给大班幼儿布置了一项家庭任务，回家做一件家务事。第二天，幼儿睿睿的妈妈就找到林老师，很严肃地说："老师，昨天我们没做作业。我觉得没意思。你看我，什么家务事都不会做，现在不发展得挺好的吗？况且，如今科技那么发达，洗衣机呀、洗碗机呀什么都有，还用得着动手吗？"实际上，林老师布置的这个作业，目的就是让孩子具备任务意识，为今后的学习做准备，但是睿睿的家长显然没有意识到这一点。对于睿睿家长的这种自以为是，林老师真的不知道怎么说好。

分析

上述案例中，睿睿的家长明显属于自我型家长。对于这类家长，教师首先应该以一种认可、赞同的态度去与对方进行沟通。特别在乎孩子的家长，如有条件可以从孩子的事情上去拉近彼此的关系。当家长感受到教师以平等友好地态度对待自己、理解和尊重自己时，就会消除心理上的距离，乐于与教师接近，愿意与教师沟通情况并和教师相互配合教育孩子，教师与家长间架起了情感的桥梁，就为沟通与交流奠定了坚实的基础。

主题5　与不成熟型家长的沟通术

导语

　　有人说，家长是最没有门槛的职业，不论学历高低、人品如何、性格好坏，都没有规定要做到怎样才有资格做家长。他们也是第一次做父母，于是，什么类型的家长都有，他们天然觉得对孩子的所有管教都是理所当然。这里一起了解下"不成熟"家长的特点。教师与他们沟通时要注意采用怎样的方法和技巧呢？

一、不成熟型家长的特点

　　这一代幼儿的家长属于"90后"，他们的身上带有两个深刻的时代印记：一是"90后"，一是"独一代"。具体而言，这两个印记说明他们都是20世纪90年代以后出生的新生代，出生在特殊的年代，"90后"是他们出生年代的标签；他们基本上是独生子女，生活在特殊的家庭环境，"独一代"则成为他们特殊身份的标签。

　　"90后"出生的"独一代"的身份，注定了他们从出生的那一刻起，就已引起人们的关注。如今，这些"独一代"成为父母，又面临培养子女的任务。"父母和子女大多数是独生子女"，于是在这些"独生子女"中，就出现了不成熟家长。他们在言行上表现得具有孩子气，对于承担家长的责任还没有足够的自我力量，家长意识还不曾到位。

这是由于他们在成长的过程中得到了太多的家人的照顾，以至于他们在成家立业之后，还在享受着父母孩子式的照顾。于是有些年轻的父母就将自己的孩子再托付给父母，而自己则继续过着快乐轻松的生活。甚至一些年轻的父母保持着孩子的天性，把孩子当作宠物一样照顾，只是照顾其吃喝，不管其心理感受。一些年轻父母沉迷于各种游戏与交友娱乐，享受着自己的潇洒生活，忘记了自己背后的孩子，更谈不上家长的责任和意识了。

总之一句话，这些不成熟型家长的角色意识缺失，缺少进入父母角色的意识和主动性，更谈不上对幼儿的教育了。

二、与不成熟型家长沟通的方法

面对这些不成熟型的家长，我们教师应该怎样与之沟通，才能让其建立起家长的责任意识，进入自己的家长角色，承担起教育孩子的任务呢？

1. 借力打力，唤起责任意识

所谓借力打力，就是借助于这些不成熟家长的父母，让他们以自己身为家长的感受，唤起这些年轻家长的责任意识。

这些家长之所以责任意识不到位，主要是由于过多地受到长辈的教育，忽视了自己身上的责任，更没有意识到自己已经成人，已经成了家长，而意识还停留在为人儿女的角色上。因此，教师不妨与这些年轻家长的父母沟通，让他们意识到自己的子女在为人父母方面的意识的缺失，从而鼓励他们放手让孩子长大，承担自己应尽的责任。

当然，这种放手是循序渐进的，可以让幼儿的祖父母先由小事放手，再过渡到大事放手，比如从为孩子洗衣、接送孩子，慢慢过渡到孩子的习惯的养成和游戏。这种放手一方面可以促进年轻父母的成长；另一方面也让亲子之间得到了沟通的机会，让幼儿感受到父母的爱和关心，有利于孩子的健康成长。

2. 直言相劝，提醒其身上的责任

一般来说，对于这种年轻的家长，年龄大些的教师可以直言相劝。这也不失为一种沟通方式。年龄大的教师以诚恳的态度与他们交流，引导他们意识到父母的年龄已老，孩子已经长大，他们需要承担养老和抚小的责任。

当然，年龄大些的教师要选择与熟悉的年轻父母劝说，有些话说起来才比较能接受。可以预先做些铺垫，请年龄大的教师找机会与年轻的家长聊天，慢慢接近，最后再直言相劝。

3. 打好亲子牌

除了利用长辈和年龄大的教师的优势，借助亲子关系对这些年轻家长进行劝告也是一种方法。我们知道，孩子天生愿意亲近自己的父母，而父子、母女的天性也让他们之间沟通起来比较自然。因此，教师可以借助布置作业、做游戏等方式，引导幼儿唤起父母的责任意识。

教师可以让幼儿回家给父母讲自己在幼儿园学的儿歌、听的故事，展示自己获得的奖励，让父母看自己的作品，拉着家长与自己玩。这样一来，在孩子的推动下，家长不知不觉就会进入角色，在与孩子的互动中意识到自己的责任。

4. 邀请参与，激发责任意识

除了以上方法，教师还可以借助幼儿园的一些活动激发年轻家长的责任意识，唤醒其进入家长角色。教师可以邀请年轻的家长参加幼儿园的一些活动，如家长学校的培训、幼儿园的运动会等。在活动中，年轻的家长会受到感染和教育，进而提升家长意识和责任心。

田老师班上的一个孩子的年轻的爸爸妈妈，从来不到幼儿园接送孩子，都是让爷爷奶奶接送，以至于孩子在幼儿园的一切，他们都不知道。他们只是沉醉在自己的潇洒生活中。一次，老师家访交流时，他们才知道，原来孩子在幼儿园里有各种各样丰富多彩的生活。当得知自己的孩子在幼儿园学会了手工制作小玩具、讲故事、歌舞表演时，他们才对孩子的教育有了一个新的认识。在以后的日子里，这两位家长彻底改变了教育孩子的方法。他们经常利用来幼儿园接送孩子的机会和老师做简短的交谈，有时还电话和老师联系，了解孩子在幼儿园的表现，并积极参加幼儿园组织的各种活动。有了爸爸妈妈的关心、教导，孩子的性格也有所改变，变得活泼、开朗了。

案例分析

案例：琪琪的不成熟父母

提到琪琪的家长，田老师真是哭笑不得。这对年轻的夫妻，结婚早，年纪轻轻就有了琪琪。但自己本身心理还不成熟，因此在琪琪的教育上表现得也相当不成熟。这不，今天发生的事情，就让田老师再次认识到了这对夫妻的不成熟。

早上入园时间一到，一辆车就飞驰到幼儿园门前停下。一对夫妻匆匆抱着孩子下车来。男的潇洒，女的漂亮，加上手里抱着的一个洋娃娃一样的孩子，格外引人注意。他们来到小班前，将小娃娃放在门口，对迎在门前的田老师说："辛苦您了，田老师。"然后挥一挥衣袖，不带走一片云彩地走了。田老师还奇怪呢，一向是琪琪的奶奶送她，今天怎么是这对不靠谱的爸妈来送呢？

过了一会儿，琪琪奶奶的电话来了，原来奶奶身体不舒服，就让琪琪的爸爸妈妈来送孩子。而这对夫妻送完孩子，就各玩各的去了。爸爸去和朋友打游戏，妈妈则和好友逛街购物，然后去玩麻将。

分析

上述案例中的琪琪的爸爸妈妈就是典型的不成熟型家长，也可以称为孩子气家长。对于这类家长，教师与他们沟通时要注意采用上述的沟通方法和技巧。

幼儿教师面对棘手问题和突发事件的沟通术

幼儿园是孩子们在成长过程中重要的学习和生活场所，幼儿教师每天会遇到各种各样比较棘手的问题和突发事件。作为幼儿教师，不仅要具备应对棘手问题和突发事件的能力以及沟通能力，还要掌握一些规避和预防的措施：正视现实，换位思考，理解家长的所作所为。

主题1　幼儿教师面对棘手问题的沟通术

在父母的眼中，自己的孩子是最棒的。由于家长与教师身份的不同，在对待幼儿发展问题的立场上会有差异，容易产生误解，甚至发生碰撞。教师应正视现实，换位思考，理解家长的所作所为。同时根据具体事件分析原因，主动沟通，以诚相待、以理服人，尽快消除隔阂，化解矛盾，同心协力共育幼儿。

一、应对家长晚接孩子的沟通策略

家长晚接孩子是个令许多教师感到头疼的问题，因为这不仅影响了教师的正常生活，而且处理不好，还会影响家长对教师的看法和情感，也不利于孩子的健康成长。

1. 预防家长晚接孩子的技巧

（1）在明显的地方张贴接送孩子的时间。

（2）通过网络或家校联系栏或约谈等方式，提醒家长晚接孩子的后果：孩子焦虑、有被抛弃的感觉等，这将影响孩子人格的健康发展。

（3）把家长手册上关于接送孩子不能迟到的原则陈述一遍，告诉家长为什么要准时接送孩子。讨论一下你自己的家庭生活也需要时间，如果家长迟到了也会影响到你。

（4）与幼儿园领导讨论对迟接孩子的家长征收罚款的事情。要知道，对有些家长来说，为迟到付额外的几块钱是应该的，然而，如果迟到一分钟征收两块钱，那么几乎就没有人迟到了。如果家长提前打电话来说因为不可避免的情况不得不迟到，那么可以适当减少费用。

2. 家长晚接孩子后的应对措施

（1）注意与家长说话的态度。家长接孩子来晚了，有的教师可能会对迟来的家长宣泄自己的不满情绪："你们这些家长太过分了，有急事就是理由吗？把孩子放在幼儿园就没想到按时来接？孩子哭着要妈妈，我都帮你哄了好几回了，你不心疼，我们心疼啊！真不知道你这妈妈是怎么当的！"教师如此质问，家长会对教师的工作态度很不满；同时，教师说话的态度和语气不对，往往会导致家长的对立情绪，这对解决问题没有一点帮助，甚至会导致家长有时候会有意用"晚接孩子"来气你——反正你拿他也没有办法。

而有的教师会很委婉地说："没关系，您以后要是遇上急事，不能及时来接孩子，就先给我们打个电话。这样孩子就不会担心，老师也不会着急了。您放心，只要孩子在我们幼儿园，我们老师会照顾好的。"教师这样说，家长会非常感激。作为成人的幼儿教师，都有自己的家庭和孩子，离园时间已超出许久，在这种情况下，我们需要调整好自己的心态，控制好自己的情绪，真诚地表达自己对幼儿和家长的关心。这样站在家长的立场去理解其苦衷，家长自然就会对教师的工作态度感到满意，教师尊重家长，家长就会尊重教师。

都晚上八点多了，孩子的父母才急匆匆地进入幼儿园……

A老师十分生气地质问孩子的爸爸："你看几点了？这么晚才来？孩子不要了？！"

家长："你的工作不就是照顾孩子吗？"

结果，弄得非常尴尬。

B老师温和地、不急不缓地对家长说："哎呀，遇到什么急事了？我和您的孩子玩了好久，孩子听了好几个故事。我们心里挺着急，怕您有什么事，还给您打了电话，可怎么也打不通。还好，您现在终于来了。"

家长抱歉地说："不好意思，谢谢老师！今后我一定想办法准时来接孩子。"

B老师既将着急的情绪表达了出来，又将老师对孩子的照顾向家长讲明了，家长不但不会生气，还会非常理解和感激呢！

（2）公开感谢那些总能准时接送孩子的家长，可以进行口头感谢、书面感谢或网上公布，还可以附上一封信或一个证书。

（3）与接孩子迟到的家长一起商量解决问题的办法。要让他们知道自己的迟到影响了你的生活，花些时间让他们知道晚接孩子对你来说是一个严重的问题，会把事情变得很糟糕。

（4）幼儿园全体工作人员采取每天两人左右轮流留下来陪伴没人来接的孩子。这样，既可以减少家长晚接孩子对某个教师生活的影响，又可以形成一个团队来面对晚接孩子的家长，进而给这些家长更大的压力——努力按时接孩子回家。另外，这样还有利于主班教师与迟到的家长保持一种比较良好的关系。

（5）对于长期迟到的家长，你要问问上级，想办法对他的迟到次数做出限制，并告诉家长他的迟到给自己的生活带来的困扰。这样做是最后的一招。

和家长谈晚接孩子的问题时，要多从晚接不利于孩子健康成长的角度来谈，比从不利于教师正常生活的角度来谈更容易打动家长，因为家长关心自己的孩子远胜于关心我们的教师。

二、应对家长的不合理要求的沟通策略

由于家长爱子心切以及他们对幼儿教育的误解，他们时常会向幼儿教师提出一些不合理的要求。如果幼儿教师一味地满足家长的无理要求，不仅会增加自己的工作负担，也不利于孩子的健康成长；如果简单地回绝家长的这些不合理要求，那么家长可能会认为教师工作态度有问题、幼儿园服务质量有问题。因此，幼儿教师要学会策略地应对家长的不合理要求，努力做到既回绝家长的不合理要求，又让家长心服口服，甚至还支持教师的正确做法。

1. 了解家长的需要与顾虑

其实，每位家长向教师提出的每一个要求，哪怕是无理要求，也都是"有道理的"。因此，为了更好地应对家长的无理要求，我们教师应该认真研究他们提出这些要求的动机是什么，然后有针对性地应对，这样更容易取得预期的效果。

开学第一天，家长们都在自由地选择孩子中午睡觉的床铺。波波的奶奶非常挑剔，从第一张床一直挑到最后一张，还是不满意。此时，其他家长已经纷纷选好了床铺。

最后，波波的奶奶和老师说："我想要靠近老师办公桌的床。"

老师一看，那张床已经被其他家长选定了，就说："奶奶，那张床已经被别人选定了。"

奶奶立刻变了脸说："我们家波波的身体不好，靠在老师边上，老师可以随时照顾到。现在被别人选了，怎么办？你们老师就不能帮助我们协调一下呀？！"说完，她硬是将自己孙子的被子放在那张床上，气呼呼地走了。

如果你是当班的老师，你将如何应对？

波波的奶奶要求选择靠近老师办公桌的床，理由是波波身体不好，需要教师特殊的照顾——很简单，波波奶奶的诉求动机是想波波得到教师特殊的照顾，而不是想要"靠近老师办公桌的床"——她的这个动机确实有一定的合理成分。因此，教师应该根据家长的动机给予有针对性的回应——不要纠缠在如何让波波的奶奶得到理想的床铺上，而应告诉波波的奶奶："奶奶，谢谢您告诉我波波的身体状态。在今后的工作中，我们一定会努力给予他相应的关照的。不过，我想告诉您，孩子们午睡时，老师并不是固定待在办公桌的座位上，而是根据需要不停地巡视孩子的睡觉情况，并给予需要帮助的孩子及时的帮助。波波的身体弱一些，我们巡视时，一定会特别关注的。我也会告诉其他值班老师波波的身体情况，相信她们也会给予波波合理的关照。谢谢奶奶！"相信老师如此一说，波波的奶奶就不会再在乎波波睡哪张床了。

在原案例中，当班老师处理波波奶奶诉求的方式：不厌其烦地和波波奶奶一起逐一试每张空床，直到满意为止。我觉得这位老师的处理方式有点牛头不对马嘴。

2. 尽可能从有利于孩子健康成长的角度找出回绝的理由

对家长的无理要求，我们肯定要回绝，但回绝的理由应该是"按家长的要求做不利于孩子的健康成长"，这样，家长才会心悦诚服。回绝家长的无理要求时，教师不要从减轻工作负担方面找理由，因为这样会导致家长认为教师不负责任、怕麻烦，不是一个好教师。

孩子刚上幼儿园时，因为在家没有午睡的习惯，一到午睡时间，孩子就哭闹，于是家长要求老师："中午她不睡就算了，让她玩玩具吧。"这个在家长看来很简单的要求，在教师的集体管理中显然行不通。

A老师说："那当然不行，如果让她玩玩具，她更不愿意睡了，其他的孩子也会受影响，时间一长，全班孩子的午睡习惯都被破坏了；另外，你孩子一个人在活动室里玩，在午睡时间，我们既得看其他孩子睡觉，又得看你家孩子玩，没有那么多精力，哪顾得来呀？！"

B老师说："幼儿园之所以要安排午睡是有科学依据的。孩子每天保证12个小时的充足睡眠，有利于其身体的健康成长。您的孩子中午在幼儿园不肯睡觉，可能是原来在家没有养成习惯。您可以试试让她早上早点起床，把她在家睡觉时用的小枕头和小被子拿来幼儿园，周末在家你们陪她一起午睡，慢慢让她养成习惯。"

两种不同的回答，虽然都是拒绝家长的要求，但效果明显不同。

A老师说得很有道理，但家长对她的说法不太容易接受。因为家长会觉得不让孩子玩而要让他的孩子睡觉仅仅是为了方便管理。家长还可能认为"顾不来"不是理由——一个人顾不来，你可以安排两三个人值班呀——反正我们已经交学费了，照顾孩子是老师应该做的事。

B老师的说法很高明。一方面，让家长认识到午睡对孩子健康成长的重要性；另一方面，又为家长提供了解决问题的方法。这样，家长不但乐于接受，而且会对教师心存感激。更重要的是，B老师是用专业知识来说服家长的（而A老师所说的道理都是日常生活道理，与专业无关），这无形中又增加了家长对教师专业素养的认可，这样，有利于教师今后更好地开展工作。

一位刚上小班孩子的家长觉得孩子吃饭很困难，害怕孩子吃不饱，于是要求老师给孩子喂饭。

老师回应的主要观点如下：

（1）在幼儿园一般是鼓励孩子自己吃饭。随着年龄增长，孩子逐渐开始具有自我意识，如果他发现别人会做，而他不会做，就会有自卑心理。

（2）别的孩子都会自己吃饭，而你的孩子不会自己吃饭，那么，小伙伴们可能会因此讥笑他"不能干""不乖"。

（3）我们保证两个月内教会你家宝宝愉快地独立吃饭。

（4）请你们在家里配合，平时就让孩子独立吃饭。

客观来说，每位家长都是关心孩子的健康成长的。因此，相信家长听完教师的陈述，一定能够体谅教师的良苦用心，进而支持教师的工作。这时，家长绝对不会谴责教师，而会反省自己，觉得自己平时可能对孩子的要求太低了，以致阻碍了孩子的正常发展。

3. 不要简单地回绝家长的无理要求

对于家长的无理要求，许多教师感到很厌烦，经常很不屑地一口回绝——不讲道理，没有商量余地。她们的口头禅是"不可能""绝对不可能"。

新生入园，冬冬比其他孩子晚了一个星期来幼儿园，午睡的床位只剩门口的一个上铺了。冬冬爸爸对此很不满意，要求郭老师更换。郭老师说那得征求其他家长的意见，冬冬爸爸说肯定没有家长愿意换，要求郭老师让小朋友们重新挑床位。郭老师说："这是不可能的，因为刚刚开学就换床位，会让其他小朋友感觉很不适应，并且其他家长也不可能同意。"冬冬爸爸非常不悦，于是就把床位之事讲给了冬冬去年小小班的班主任张老师听。张老师说："冬冬爸爸你先别用自己的喜好影响孩子，先让孩子适应一段时间，如果孩子实在不喜欢，再想办法换；或者等开学过一段时间，冬冬交上了好朋友，再跟个别家长交流是否愿意换床位。"冬冬爸爸觉得这也算是个办法，就暂时把换床位这件事放下了。事实上，后来冬冬睡上铺安然无恙，还交上了新朋友，冬冬爸爸也没有再提换床位的事了。

与郭老师不同的是，张老师没有简单地回绝冬冬爸爸的要求，而是给他提出建议：一是适应一段时间，如果孩子实在不喜欢，再想办法换；二是冬冬交上了好朋友，再跟个别家长交流换床位的事。冬冬爸爸对郭老师的回绝内心是有不满情绪的，而对张老师的建议则可以接受。其实客观上张老师也只是给了个万分渺茫的所谓的希望而已，这实质上是一种缓兵之计，但这表达了教师是关注家长的愿望的，家长的内心会好受得多。

4. 如何回应

根据上述原则要求，你将如何回应家长以下的不合理要求？

（1）是否可带饭菜来幼儿园？

一位家长跟教师交流孩子的饮食情况。她说孩子饭量少，身材比较瘦小，自己也知道孩子比较挑食，也想过一些办法，但效果不是太好，想问老师能不能自己在家做一些合孩子口味的饭菜，带到幼儿园。吃饭的时候，麻烦老师热一热之后再给孩子吃。

（2）我的孩子不会蹲着大便，得把着他才行。麻烦老师记得在孩子大便时把着他。

（3）在家时，我家孩子每次上完厕所，都是我们帮他提裤子的。

麻烦老师在我家孩子上完厕所后记得帮他提裤子。

（4）我家宝宝每天都要摸着妈妈的耳朵睡觉，午睡时最好也让他摸摸老师的耳朵。谢谢了。

（5）我家宝宝在家都是喝果汁，不喝白开水。我们每天送他来园时，顺便带果汁来，到时候麻烦老师让他在幼儿园里继续喝果汁吧。

（6）昨天老师请我家宝宝当了一次排头，他可高兴了，以后天天都让他当排头好吗？

（7）你们不教我家宝宝写字，我就把宝宝转到其他幼儿园去。

请大家记住以下回应家长不合理要求的四个基本要点：

第一，阐明不良做法或不良习惯对孩子健康成长的影响。

第二，养成良好习惯对孩子健康成长的积极意义。

第三，承诺，努力让孩子在一段时间后养成良好的习惯。

第四，敬请家长配合，促进孩子的健康发展。

三、应对家长非理性卷入孩子冲突的沟通策略

一天，壮壮在幼儿园里又不小心把红红碰倒在地上，红红的头上被碰了一个大大的包。事后，老师向红红的爸爸作了解释，并引导壮壮当着红红爸爸的面向红红道歉，但红红的爸爸依然很激动，他不顾老师的阻拦，一把抓住壮壮的手，对壮壮说："如果以后你再欺负我家红红，我就打你的屁股！"

正巧这时壮壮的爸爸也来到幼儿园接孩子，他看到红红的爸爸拉着自己儿子的手，好像要打孩子的样子，二话没说，就揪住红红爸爸的衣领，和红红的爸爸扭打起来。

两个孩子吓得大哭。

由于自我控制能力差，加上缺乏人际交往的经验和能力，孩子之

间产生冲突是很正常的，也是常有的事。许多家长不了解孩子冲突的特点及其化解艺术，时常错误地介入孩子之间的冲突，这不仅没有很好地解决孩子之间的冲突，而且变成相关家长之间的冲突，甚至是恶斗。这令许多教师感到头疼。因此，我们有必要研究如何有效化解家长之间因孩子的冲突而演化出来的冲突，为和谐社会的建构贡献力量。

1. 向家长介绍同伴冲突的性质和意义

幼儿园应该通过多种形式让家长知道，孩子之间产生的矛盾与大人之间发生的矛盾是完全不同的。孩子的朋友和"敌人"是瞬息即变的，孩子之间发生的问题应由孩子自己来解决，这样就能培养孩子解决问题的能力和社会交往的能力。同伴冲突的产生源自孩子社会交往技能的缺乏，冲突的产生及其解决有利于孩子走出自我中心，加强彼此之间的了解，让孩子学会按照社会规范，通过协商、互惠、互谅等手段来协调彼此之间的关系，有利于提高他们解决社会问题、协调人际关系的能力，有利于加速幼儿社会化的进程。

孩子之间的冲突不仅没有许多家长想象中那么坏，而且对孩子的成长有积极意义。

（1）冲突是孩子与同伴交往的一种方式。

（2）冲突对孩子的社会性、言语能力、思维能力的发展有积极意义。

（3）孩子在冲突中学会了解决冲突的技能。

（4）孩子从冲突中了解了别人的需要和想法。

（5）没有与任何同伴交往比与同伴发生冲突更为可怕。一个孩子在幼儿园与同伴没有冲突，可能说明这个孩子根本就没有与任何同伴交往，这更加需要我们重视和关注。

（6）家长介入孩子之间的冲突剥夺了孩子自我解决冲突的机会，

会导致冲突复杂化，激化怨恨，让孩子夸大冲突的消极作用；同时让孩子学会了求援，而且不再通过思考解决问题，失去了锻炼其情商的机会。

6岁的丫丫和小伙伴在房间里玩玩具，不一会儿，房间里传来了相互争吵的声音："这是我的！""你这个笨蛋！""我要告诉你妈妈！"……

越来越大的争吵声让房间外面的丫丫妈妈一时不知如何是好，想出面劝阻，又怕方式不当让孩子难堪，很是迟疑。正在犹豫不决之际，电话响了，等她接完电话，发现房间里的争吵已经变成了欢声笑语。

孩子之间的语言交往不可能总是和平地进行，争论、争吵是不可避免的。但在成年人看来不正常的"刚刚还面红耳赤，转眼又喜笑颜开"的现象，或许恰恰是孩子特殊的人际智慧。孩子的交往能力、人格和德行就是在这样的争吵、和解，争吵、调停、和好的循环过程中得到发展的。

孩子在幼儿园被别的孩子打了之后，家长都非常担心自己的孩子会吃亏，因此，在接送孩子时经常会反复地对孩子连哄带吓："今后不得再跟××玩了，别忘了他昨天打过你……"可是，孩子们都有些健忘，昨天刚打过架，今天又屁颠屁颠地凑在一起玩。

家长发现自己的孩子与昨天的"敌人"一起玩，会训斥道："都告诉你多少次了，别跟××玩，可你就是不听，难道你吃的亏还不够？……"

其实，家长们忽略了孩子成长中最重要的东西——快乐！而快乐就在他们的游戏之中。在孩子的游戏里，没有谁吃亏、谁占便宜的意识，只要他们在游戏中得到了快乐，这时就没有"敌人"，他们都是玩伴，都是快乐的天使。

2. 告诉家长介入孩子之间冲突的目的

家长最好不要介入孩子之间的冲突——给孩子成长的机会，让孩子在冲突中学会解决冲突。如果孩子们无法自我解决冲突，那么，家长也不要忘记了：你介入孩子之间的冲突是让孩子学会解决矛盾冲突，而不是直接为孩子解决矛盾冲突，更不是与对方家长争个谁有理谁无理，或者谁该向谁道歉。

邻居小宝买了新的自行车，小伟忙去找小宝一起玩。两个小家伙你一圈我一圈，玩得挺开心。

小宝觉得小伟骑得比自己好，有点不服气，骑完自己的一圈后霸占着自行车不下来了，小伟推了小宝一下，想叫小宝下来，没想到小宝被小伟绊了一下，翻身下车就往小伟的脸上咬了一口。

小伟还没反应过来，正巧被买菜回来的妈妈瞧见了。小伟脸上的牙印没出血，但妈妈的心已经疼到了极点，扯着嗓子就喊："小宝的妈妈怎么管教孩子的？！小宝怎么能咬我家的小伟呢？"

小宝的妈妈闻声下了楼，瞪了小宝一眼，就回敬小伟的妈妈："小宝平白无故怎么可能咬小伟，一定是小伟先欺负小宝。"

"买个新车有啥了不起呀？又不是狗养大的，怎么可以咬人呢？"妈妈放开了小伟，状如斗牛。

"你骂谁？有本事你把话说清楚！谁是狗？！"小宝的妈妈也不甘示弱。

……

"小伟，你还疼不疼？我把车给你骑两圈好不好？"小宝不知道两个妈妈在吵什么，他还想继续跟小伟玩呢！一个人骑真没意思。

"好。"小伟摸了摸脸上的牙印，觉得不怎么疼了，接过车就骑了上去。

两位妈妈吵得不可开交；而在不远处，两个孩子正玩得不亦乐乎。

这太具有讽刺意味了，妈妈们本来正在为孩子们之间的冲突而吵架，可没有想到的是，孩子们早就和好了。

A和B两个孩子打架，A被B打哭了。A家长坚决要求B向A道歉，B坚决不肯。

你作为B的家长怎么办？

面对孩子之间的冲突，最应该做的是什么？是判定谁对谁错，错方要向无错方道歉吗？面对孩子之间的冲突，最重要的不是道不道歉，也不是找孩子来论理，看看哪个孩子更有理。因为许多孩子道完歉又继续打人；有的孩子道歉像是应付任务似的；有的孩子认为，打了人道歉就可以了——就能摆平了，内心没有任何愧疚感。

面对孩子之间的冲突，最重要的是让两个发生冲突的孩子一起来讨论：当与同伴冲突时，怎么化解冲突才好。让孩子懂得被别人打骂的小伙伴的感受，同时，还要告诉孩子"打"或"骂"不是解决问题的好方法，甚至不是解决问题的方法。因为你打别人一下，别人打你两下，你骂别人一句，别人骂你两句。应该让孩子学会非暴力地解决冲突，同时学会体谅别人的感受，学会尊重别人。

两个大班孩子起冲突了，老师把他们的座位隔开，然后给推人孩子的家长说了这件事情，晚上该家长给对方家长打电话道歉，把自己的孩子说得一钱不值，并让孩子也在电话里给对方家长道歉。对方家长感到很诧异，觉得小孩子之间的冲突用不着上升到这样一个层面，也许今天他们打成"仇人"，明天会继续做好朋友。

孩子间有冲突很正常，家长没有必要因为孩子在一次冲突中"伤害"了别人就把自己的孩子贬得一钱不值。因为那仅仅表示孩子缺乏处理同伴冲突的技能而已，而非孩子的品行有问题。面对孩子间的冲突，最重要的是让孩子从中学会正确的处理冲突的技能。另外，教师把两个孩子的座位隔开，不仅没能教会孩子如何正确地处理冲突，而且会助长孩子间的怨恨情绪，人为地夸大冲突的后果。

3. 家长介入冲突引发矛盾后的沟通策略

（1）让冲突双方冷静下来。让双方冷静下来的具体方法有：相互暂时隔离；双方保持沉默10秒钟。

（2）倾听。听一听双方的想法：想做什么，目的是什么。不作对与错的价值判断，不批评任何一方。

（3）引导每个家长关注对方的感受及自己言行的效果。你的言行带给对方及其孩子的感受是什么？自己孩子的感受是什么？他从中获得成长了吗？不得批评对方及其孩子，只谈对方的感受。

（4）引导每个家长改进措施。问每个家长：应该怎样做才能让对方及其孩子感觉好一些，使自己孩子的感受也更好一些，并且使孩子们能从中获得更好的成长？

让家长意识到，介入孩子之间的冲突是为了让孩子获得更好的发展，而不是"打出""骂出""争出"输赢，也不是辩出谁有理，谁无理。

教师工作的重点不是给孩子和家长评理，而是引导家长思考怎样做更有利于双方孩子的健康成长——我深信，在家长内心深处，最在乎的是孩子的健康成长。

教师总结每个家长所说的自己怎么做可以让对方及其孩子感觉好

一些的措施，并提出自己的建议。

家长如此理性、如此建设性地处理冲突，也将会给孩子树立一个处理人际冲突的良好榜样。

（5）遵循达成一致的解决方法。按照双方达成一致的方法，有效地解决孩子之间的冲突乃至由此产生的家长之间的冲突。

如此处理冲突，每个家长及其孩子都会感到如释重负，因为他们找到了不用相互指责、谩骂甚至行为攻击来解决冲突的方式，并且让孩子从中获得了成长。

四、应对家长不满情绪的沟通策略

我们的工作很难做到十全十美，家长有时也会由于各种原因而对我们的工作产生误解。时常会有些家长对我们有不满情绪，有时候抱怨，有时候指责，有时候甚至会愤怒，这都很正常。但是，如果这些不满情绪不能得到有效的化解，不仅会影响家长对我们的看法和情感态度，甚至会影响到我们工作的正常进行，影响到教师的职业生活质量。因此，我们应该学会有效化解家长的各种不满情绪。

1. 承认家长有理由生气

我们教师应该记住，家长通常有理由对我们产生不满情绪，因为幼儿园和教师总会犯错误，总会有家长不满意的地方，有时候家校之间还存在误解。

2. 冷静且认真地倾听

当家长用语言表达不满情绪时，教师一定要彬彬有礼，不要打断他们的诉说，也不要插入你的意见，不要辩解或抵触。如果他们讲话的声音很大，那么你要温柔地讲话，在回应之前停顿一下，慢慢地说。

遇到生气的家长，无论出于什么原因，首先要倾听，哪怕家长明显误解你了，也不要为自己辩解。要记住，辩解只会点燃他更大的怒火。要用心倾听，充满同情，使用一些倾听技巧，比如反馈（"那真让人难过""那真是个严重的问题"）和澄清（"我听到你说……""告诉我接下来发生了什么"）来平息家长的怒火。

还可以用同理心技能作出回应，让他们知道你理解他们在说什么，如"……，我知道你很生气。""……，我知道你很难过。"

认真倾听是让对方消气的一种有效方法。当家长冲着我们生气和表达不满时，辩解、反问、质疑不仅无效，反而会火上浇油。因此，面对家长的不满情绪，教师应该做的就是让对方宣泄完心中的不满情绪，待其情绪平稳后，再进行理性的沟通。如果家长的言辞带有侮辱性，则暂时找个借口回避一下，以后再谈，万万不可与家长相互辱骂，否则，我们的师德就会降格，甚至整个人的素养都会降格。

在倾听的过程中，不要急于辩护，更不要与家长抬杠。有些教师在聆听的过程中喜欢与那些经常找自己麻烦的家长抬杠，这是不妥的。教师不分场合与家长争执只会让家长认为教师对自己的孩子或者对自己有偏见，或者认为教师是不负责任的，这样更不利于沟通。一些教师听到家长的指责和抱怨，往往会本能地为自己辩护，这样只会激化矛盾。因此，教师应把"不可能""我绝对没有说过那种话"等辩解的话改成"别着急，我查查看""让我们看看这件事该怎么解决""您放心，我一定想办法给您一个满意的答复"等。

3. 积极回应

当对方说得对的时候，要勇于说："是的，是的，是的，没错，就按您说的办！"

有时候，尽管明显不是你的错误，你也可以先就误解引起家长不满而进行道歉。在许多情况下，这是家长所期待的。当然，你的道歉不一定都是无原则地包揽责任——"这都是我们的错，……"但你可以说："我们没有做好工作，让您误解了，真抱歉！"

当家长真的冷静下来后，你可以对事情作出解释或者合理的分析，并在此基础上，根据家长的担忧，告诉他们你们将尽全力采取什么措施来避免问题再次发生。

一位父亲发现孩子被同伴打出鼻血后十分气愤，要求老师给一个说法。这位老师首先承认自己工作失误并表示深深的歉意，接着全面介绍孩子的情况，使家长感到他的孩子是受老师和小朋友关爱的，发生这次事件纯属偶然。然后，这位老师保证今后将尽力避免发生类似的事情，还表示希望家长今后对自己的工作多提意见。这位父亲面对态度诚恳的老师，很快化解了心中的怨气，谅解了老师。

从上述案例可以看出，教师能认真分析家长的意见，理解家长的正当发泄，接纳家长的合理化建议，就会转变家长的态度，得到家长的理解和支持。

一位家长对老师说："我们坚决要换床铺，不再与那个小孩靠在一起。我家的孩子中午都不能好好休息。"

A老师听完直接回应："没有啊，每天中午我们都有老师在现场看着啊，你家孩子睡得不错啊。"

家长马上回答说："哪里是这样啊？！我们家孩子回家说，那个孩子趁你们老师不注意的时候老是拽他的被子。那么多孩子，你们每时每刻都看得到吗？"

这时沟通陷入比较尴尬的境地，家长非常气愤地走了。

B老师的回应："天天妈妈，您说要给孩子换床位。天天说中午没有好好休息吗？"

妈妈："是的。"

老师："他什么时候对您说的？具体情况是怎样的？"

妈妈："……我每次都对天天说，你中午不要惹他，不要理他。我还对天天说，你一上床就把眼睛闭上，让他感觉你睡着了。我还对天天说……作为家长，我已经很努力了，也是没辙了，所以才向你们提这样的要求。"

老师："听您这么一说，我就理解您的担心了，也理解您为什么着急。我也向您表示歉意，我没有很好地观察到这一点。您看能否这样，接下来几天的中午我认真关注一下，看看他俩的表现，我找个合适的方法来处理这种情况，既不影响两个小朋友的午休，也不影响他们的交往，毕竟他俩是好朋友。2~3天后，我再和您联系，与您交流他俩的表现。您看这样行吗？"

A老师的失误：认为自己比家长更了解孩子们的情况；将自己看到的情况当作全部情况；有推卸责任之嫌。家长当然会不满意，甚至更加气愤。

B老师的正确之处：不辩解，引导家长把了解的情况说完；她没答应家长调换床铺的请求，因为她懂得家长真正想要的是孩子每天都能安稳地睡个午觉！因此，她拟定了行动方案，并有时间约定，行动很具体，进而获得了家长的认同。

其实，家长生气和抱怨不只是表达了情绪，更多的也是无助的表达。当"我们要换位置""我们要换老师""我们要换班级"等不满诉求产生的时候，其实也向我们教师发送了这样的信号："我们曾经的努力都没有用""我们曾经的办法不管用"。于是家长不愿意再做其他尝试，可是又想改变现状，就提出一个他们自己都清楚或许不能实现的愿望，来表达他们几乎到了"忍无可忍"的地步。因此，我们教师要认真、积极地应对家长的不满情绪，给他们提供一个有效解决问题的方法。

4. 始终尊重家长

教师要从家长疼爱孩子的角度理解家长的心理，并从关爱孩子的角度谈论问题，这样更容易被家长接受。作为教师要意识到，家长的不满情绪都是因关注孩子的健康发展而引起的，家长希望孩子在幼儿园得到更好的照顾和教育，当他发现现实并非如他所愿时，自然就会生气。因此，家长对我们的工作有不满情绪，说明他关心孩子的成长，我们应该为此感到高兴，这也是家校合作和沟通的基础。他们的不满从另一个角度启示我们要不断改进工作，不断提高专业能力，进而提高服务水平。家长的不满意可以成为我们专业成长的动力。因此，对于那些对我们有不满情绪的家长，我们要心平气和，心怀感激，尊重他们。我们要多启发他们为我们的工作提建设性意见，比如非常认真地问家长："如果您是我，应该怎样做才好呢？"尽量不要反问家长："为什么别的家长没意见？""为什么你要我这样做？"这样会引起家长的反感。

等家长抱怨完之后，教师要向家长说"谢谢您的反馈"，并解释你为何感激家长的抱怨。如面对给教师"找碴儿"而情绪激动的家长，可以这样说："我非常欣赏您这样直言不讳的家长，您的建议我会考虑的。您有这样的心情我很理解，等我们冷静下来再谈好吗？"这样会让家长的不满之气全消。

最后，面对对教师有意见、有情绪的家长，我们可以这样跟他们说："您有什么想法可以告诉我，或者我们可以坐下来谈谈，都是为了孩子好。"

××的奶奶很少来接孙子。有一次，她来园看到孙子正在自己洗手，就立刻生气地说："啊，是自己洗手呀？！"

A老师回应："有什么好大惊小怪的？！都长这么大了，自己洗个手有什么不妥？"奶奶的脸色马上变得十分难看，一场争吵马上就要开始。

B老师回应："看来奶奶在家照顾宝宝很周到、细致哦，连宝宝的小手都帮他洗。奶奶看，我们所有的小朋友都是自己洗手。宝宝长大了，他很能干的，您让他在家也试一试自己洗手吧。"奶奶脸上露出了不好意思的笑容。她说："好，我回家也让他自己洗手。"

A老师说得很有道理，但这位奶奶显然不能接受。因为A老师说话的语气不对，在某种程度上表现出对奶奶的不尊重。

B老师先是表扬奶奶平时对孙子的关爱和照顾，然后表扬她的孙子能干，进而对她提出教育指导，这样能让奶奶心悦诚服。

5. 爱心不变

教师不应因为家长的过激情绪而影响对他及其孩子的看法，应更加关爱他的孩子，更加热情、主动地与该家长沟通交流，这样做的效果远远胜于语言表达。当家长感受到我们这份不变的职业爱心时，他会更加尊重我们，遇到问题时，也就不会再那么冲动了。

刚开学不久，城铵活动时和小朋友抢玩具，被小朋友抓伤了。城铵的奶奶知道后特别心疼，还来幼儿园抱怨，说老师没尽到责任，情绪很激动，说了许多不中听的话，而且当着众多家长的面说得老师很难堪，下不了台。

当时教师强迫自己冷静再冷静，尽量静下心来，避免和城铵的奶奶发生正面冲突。老师不和她计较，还一如既往地喜欢城铵，平时和城铵的奶奶多交流、多探讨。城铵的家长，特别是奶奶非常感动，恢复了对教师和幼儿园的信任。

家长的抱怨是一剂苦口的良药，教师应根据家长的抱怨找找自身的不足，以更宽广的胸怀、更可亲的态度去迎接家长、孩子，相信定能继续获得家长的信任和支持。

五、应对孩子在园受伤的沟通策略

由于教师的经验和能力的局限性，加上幼儿期的孩子好动，孩子在幼儿园很容易受伤。孩子受伤后，教师如果处理不当，将会让利益相关方矛盾对立，乃至直接影响幼儿园的正常运转。因此，我们要认真研究如何应对孩子在园受伤的问题。对于孩子在园的受伤问题，我们可以按如下几点来处理：

如果我们把工作做在前面，就可以减少孩子在园受伤后带来的许多麻烦。

1. 做好安全检查工作

避免孩子受伤后带来麻烦的最好办法是减少或避免孩子受伤的可能。因此，教师平时要注意做好各项安全检查工作。

（1）户外活动场地的安全性检查。活动前应事先排查活动场地，如经常平整场地，做到无坑、无砖、无松动、无凸起物等，及时清除活动场地中影响幼儿活动的障碍物。

（2）家具设备的安全性检查。为了避免家具设备对孩子的伤害，教师要时常对家具设备进行安全排查，观察以下一些潜在的问题：

·有没有一些和儿童差不多高的锋利的桌角？

· 地毯边缘有没有突出或松动？

· 有水的区域是否有排水设施？是否有擦水用的拖布或毛巾？

· 热水是不是放在孩子够不着的地方？

· 有没有一些关于孩子使用剪刀、锤子以及小刀的规定？

· 不用的插座是否已盖住？

· 围墙是否足够高？是否安全？

· 秋千是否远离人多的区域？是否用树丛或栅栏隔开？

· 操场的通道是否畅通？

· 移走石块等障碍物的坑洞是否修复？

· 在攀爬、滑行器等器械下是否放有缓冲垫？

· 滑梯和其他金属器械是否生锈？

· 木制器械是否有开裂的地方？

· 沙箱不用的时候是否已盖上？

（3）幼儿身上物品的安全性检查。教师要经常检查幼儿是否携带有碍安全的危险品，如尖锐利器、打火机、玻璃球等危险物，并经常对幼儿进行安全常识教育，增强幼儿自身的安全意识。

在一次幼儿园的观察中，幼儿有秩序地进入盥洗室洗手，突然发现三四岁小男孩的嘴上、脸上都在流血。老师们看到这样的情况后都惊呆了，大家赶紧把园医找来，对孩子们的伤口进行止血处理。后来经询问情况得知，早晨入园时东东从家里把爸爸的刮脸刀偷偷地带进了幼儿园。在洗手的时候，东东把刀片分给了其他的小伙伴，几个孩子也学着大人的样子用刀片刮胡子，才出现了这可怕的一幕……

（4）注意物品运送的安全。餐车要缓慢推行，防止粥汤洒地使幼儿滑倒。为孩子分发饭菜时要注意不要盛得太满，不能从幼儿头上传递饭菜，以免造成烫伤。

2. 告诉家长本园的安全理念

教师要告诉家长本园是将孩子的安全问题当作头等大事来抓的，并且告诉他们为了孩子们的安全幼儿园所采取的种种措施。此外，还要向家长说明，就算幼儿园采取了那么多严密的措施，教师那么努力地为孩子们的安全着想，但由于幼儿期的孩子好动且缺乏安全意识和自我保护能力，也无法保证孩子们在幼儿园里的绝对安全，所以有些孩子偶尔出现一点安全事故，特别是碰伤、跌伤、抓伤等，是难免的。

教师还应该告诉家长，幼儿园环境的绝对安全对孩子的成长而言也是有害处的，让家长了解适度的不安全对孩子的成长是有利的。

某幼儿园里几乎所有的东西都没有棱角。小桌子是圆的，边上还包着一层海绵；小椅子是圆的，腿和边也裹着一层海绵；玩具车的边没有角，都是弧形的；小画书的四个角也都被修剪成圆形的了；至于孩子们手中的娃娃、玩具更不必说，都是柔软的；最有意思的是，墙角也都被围成了圆弧状……

在这种绝对安全的环境里，我们的孩子碰不伤，也跌不伤。但我们的孩子因此失去了安全意识和自我保护能力。

教师还要告诉家长，如果孩子在幼儿园里绝对不受伤，说明孩子可能静静地坐了一天，他的发展是有限的；孩子受伤，说明孩子在幼儿园里参加活动了，他得到了相应的发展。如果家长在安全方面给教师太多的压力，教师只能尽可能地少让孩子活动，特别是少让孩子自己活动，以保证其绝对的安全——显然，这样做与孩子的年龄特点不相符，不利于孩子的健康发展。因此，如果哪一天出现了一些小小的安全事故，家长们要多多谅解。

小凡在从自己的座位跑向另一个小朋友的座位时，被椅子腿绊倒了，把眼眶磕破了点皮，老师赶紧带着小凡到医务室包扎，之后马上给小凡的父母打电话，表示对此非常抱歉。家长不但没有埋怨老师，反而安慰老师说："没关系，你们对孩子照顾得挺细致的，但是孩子也得学会照顾自己。我家孩子动作快，很容易被碰，受点伤他自己下回就知道注意了。"老师非常感谢家长的宽宏大度。

回家之后，家长看着孩子脸上"挂彩"了，把心疼藏在心里，问他是怎么摔的、痛不痛。孩子表演了是怎么摔的、怎么哭的，医生怎么包扎的，很乐观地接受了这次摔伤。在家长的教育引导下，小凡逢人询问就说："是我自己不小心摔的，以后我不能那么着急。"

我要为小凡的家长点赞！我也希望幼儿教师向家长推荐小凡家长的理念和做法，这样会让孩子们从受伤中学会对自己的行为负责，学会自我保护，学会宽容。这些品质将会让孩子终生受用！

3. 平时注意与家长建立良好的情感关系

教师与家长建立了良好的情感关系，可以避免因孩子受伤而将矛盾扩大化。

4. 孩子出现受伤问题后的处理和沟通策略

（1）及时与家长沟通。

当孩子在幼儿园受伤后，无论孩子的伤势有多重，也无论孩子由于何种原因而受伤，教师都要及时与家长沟通并表示歉意。

我女儿在上小班的时候，一次从幼儿园回来有点流鼻涕，我摸摸她的额头想看看有没有发烧，结果她说额头上有个包，是自己在幼儿园碰的。我撩开她额前的头发仔细一看，确实有个小鼓包，但并不严重，接着孩子还告诉我，老师带她到医务室请医生看了，还用凉毛巾敷了一下。但是，我觉得发生这种情况老师应该跟家长说一下，不论伤势是否严重。后来我问了老师，她倒是觉得很不好意思，说是忘了跟我说，我也就不好说什么了，但是当时我心里还是不太好受。

家长很在意孩子在园的安全问题。孩子在园受伤后，教师应该将之当作自己工作中的头等大事来处理，没有任何理由"忘记"或"忽视"。

小班幼儿宇宇刚入园没几天，白白胖胖的脸蛋上就被小朋友划了一道深深的指甲印。下午放学，奶奶接宇宇时看见伤痕，还没来得及听老师解释，便大吵起来，非要找抓人的小朋友，冲突大有一触即发的样子。郭老师见到后立即走过去，拉住宇宇的小手，摸摸她的脸蛋，先与奶奶打招呼："都是我们的工作不够细心，让宇宇被抓了。我们已经用消毒药水给她做了清理。以后我们一定注意！"见郭老师这么说，宇宇的奶奶反而觉得不好意思了，说："这么多孩子，你们也顾不过来。"

宇宇的奶奶生气是因为宇宇受伤后，教师没有及时告知和说明。后来宇宇的奶奶为什么原谅了教师？因为教师先认错，然后表示歉意，并对情况进行了说明。因此，孩子在园受伤后，无论伤势轻重，教师都应该及时告知家长，并表示歉意。在这方面，万万不可心存侥幸。

（2）敢于担当。

孩子发生受伤事故后，幼儿园和教师要敢于担当，负起该负的责任，努力求得家长的谅解，而不应推卸责任。

陈陈小朋友是个调皮鬼，他没有一刻能安静下来。今天午睡起床时，他格外兴奋，不停地说笑，老师一再提醒也没用。不一会儿，只听见"砰"的一声，他从床上摔了下来。额头着地，马上就起了个包，把当班的王老师吓傻了。王老师赶紧拿来毛巾，蘸上冷水敷在陈陈的额头上，使其额头上的包没有继续扩大，然后打电话告知家长，和家长一起带孩子去医院。尽管医生检查后说没多大事，也不用吃消炎药，但王老师考虑到床离地面那么高，坚持要给孩子拍个片子，才放心。

拍片结果是陈陈的脑部没损伤，王老师长长地舒了一口气。家长没一句怨言，抢着付拍片的钱，直说孩子太调皮，老师辛苦了。

孩子在幼儿园受伤可以算是幼儿园的一个危机事件，处理不好会使幼儿园和教师的声誉受损；处理得好，还可以提高幼儿园和教师的声誉。我相信，上述案例中的王老师在孩子受伤事件后和家长的关系将更加友好、积极。

（3）采取有效的补救措施，避免类似的事情再次发生。

孩子受伤后，教师不仅要告知相应的情况，而且要告知家长今后作为教师将如何尽量避免类似的情况发生，后续还要适时地向家长通报相关的情况，让家长知道教师确实采取了措施，是负责任的。

老师："杰西去拿旁边小朋友阿杜的积木，阿杜不愿意，他就去抢。阿杜为了保护积木，抓了杰西的脸，导致杰西的脸上出现了一道划痕。"杰西的妈妈听后，说小朋友之间发生冲突很正常，非常理解老师，没有关系。

三天后，在户外活动时，杰西在院子里转圈，想停下的时候没有站稳，摔倒在地上，手臂被蹭破一点皮。老师向杰西的妈妈如实地反映了情况，杰西的妈妈说孩子运动时受伤很正常。

第二个星期的一天，小朋友画画的时候，杰西到处乱走，走到子豪旁边的时候，顺手把他的画抢去了。子豪一拳挥过去，打中了杰西的眼睛，杰西的眼睛和脸马上青肿了。老师立即打电话给杰西的妈妈，杰西的妈妈赶来之后，看见儿子受伤的眼睛，很是心疼，也很生气，问老师怎么会发生这样的事情。杰西的妈妈情绪很激动，没有听完老师的解释，就质问老师："你们是怎样管理班级的，怎么能任由小朋友打架？一而再、再而三地发生校园暴力，你们老师是应该负责任的！你们要给我一个说法，否则我就投诉你们。"

教师错在哪里？如果可以重来，你该如何做？

教师错就错在前两次受伤事故发生后，都只是简单地向家长陈述事实，并没有告诉家长自己将采取什么有效措施以避免类似事件的再次发生——她不仅没有说，而且没有做。因此，家长就认为教师是"任由小朋友打架"和"校园暴力"发生，这样，教师的工作就很被动。

家长送孩子去幼儿园，他们最在意的就是孩子的安全问题，因此，当一个孩子在幼儿园第一次出现受伤情况后，教师要特别关照这个孩子——进行经常性的安全提示，告诉他如何避免伤害，尽量避免再次受伤。

刚刚开学没几天，新生骏杰在午睡醒后等起床之际用嘴咬了晶晶，有的地方已经被咬破皮。见此情景，陈老师和阿姨心疼不已，连忙帮着上药，安抚晶晶的情绪。

为了更好地解决此事，老师给晶晶和骏杰的妈妈分别打了电话，告知此事。骏杰的妈妈当即在电话中说："我家孩子是不会主动咬别人的，肯定是别人先惹他了。你们给我打电话是什么意思？"于是，老师耐心地告诉她：下午放学来接孩子时，希望您能当面向晶晶及家长道个歉。下午放学时，骏杰的妈妈和奶奶拎着一箱牛奶来园看望晶晶，了解晶晶被咬的情况。老师没有当众告状，而是悄悄地告诉家长"请等一会儿"。等接孩子的人潮退去后，老师又礼貌地接待了她们，将她们领进教室看望晶晶被咬的胳膊，当时她们都大吃一惊，不由得同时发出了声："啊！怎么咬成这样了？"骏杰的奶奶抬手就要打骏杰，老师立即制止说："打孩子既不是教育孩子的好方法，也不是解决问题的好办法，关键在于让孩子懂得今后如何与同伴友好相处。"

晶晶的爸爸来接孩子时，老师主动迎了上去，向晶晶的爸爸说明事情的经过，并向他致以歉意。晶晶的爸爸看到孩子被咬的胳膊后，很心疼，但看到老师已经帮孩子上过药，并对孩子关爱有加，况且解释、道歉在前，也就不好再说什么。

骏杰的妈妈和奶奶又拉着骏杰向晶晶和她爸爸道歉，晶晶的爸爸一边摸着孩子的胳膊一边说："没事，没事。"晶晶和爸爸原谅了骏杰……

案例中，教师处理孩子被咬的措施和过程是值得称道的：①及时向双方家长报告；②及时处理孩子的伤口；③及时向受伤孩子的家长表示歉意；④动员伤人者及其家长向受伤者及其家长当面道歉；⑤在众人面前体现了对伤人者及其孩子的尊重。

处理孩子受同伴伤害事件的目的，不是要惩罚谁，而是要让相关孩子受到教育，同时，为和谐的良好家校关系的建立提供正能量。

（4）孩子受伤临时处理应该注意的事项。

如果受伤（割伤、磕破皮肤且流血需缝针）不严重，要送附近最好的医院，尽量在医生处理好伤口、擦净血迹之后通知家长，让家长看到的是孩子被抱在老师怀里安静、祥和的场景。

如果伤势严重（如骨折等），要正确处理伤口，尽量擦净血迹，马上通知家长，征求家长的意见并送往指定医院。

电话沟通时先说："××的家长，您好！非常抱歉地通知您，您的孩子在上楼梯（玩游戏/去卫生间）的时候受伤了，左胳膊不能动，有可能是骨折，我们准备马上送他到××医院（当地最好的），您看这个医院行吗？"在家长同意后，再说："那好，孩子的病情要紧，我们马上就到，您不要着急，我们会照顾好孩子。您方便的时候到医院来看孩子吧。"

孩子如果需要去医院治疗，教师要及时向园长汇报。下面是一次关于孩子受伤的教研活动。

情境表演

时间：下午四点四十分。

活动：离园前准备。

张老师正在收拾整理饭桌，这时，角落里传出"哎呀"一声。张老师急忙走过去问道："丽丽，你怎么了？"丽丽哭着说："呜……我的头撞到了椅子上。"张老师一看，丽丽的额头上已经起了个包。家长马上就要来接孩子了，这时该怎么办呢？

张老师带着孩子去医务室，正巧保健医生去别的班级了，她就去食堂要了个鸡蛋，帮丽丽热敷，因为撞得不严重，过了一会儿丽丽就不哭了。

家长来接丽丽时问道："丽丽，你的头怎么了？老师，这是怎么回事？"张老师说："没事，刚才丽丽的头不小心撞了一下椅子。保健医生没在，我已经帮她用鸡蛋热敷了，现在没事了。"

"什么？没事？你怎么知道没事？我要找你们园长。"家长咄咄逼人，张老师委屈得都要哭了。

各位老师，你们对上述案例中张老师的做法如何评价？如果你是张老师的话，你将如何做？

教师1：

千万不能说孩子没事，我们不是医生，不能下这个结论。

教师2：

是啊，也不能说保健医生没在，她只是暂时不在保健室。我们有制度规定，保健医生不能随便离开岗位。

教师3：

在家长没见到丽丽前，要先跟家长说："今天丽丽在活动区玩得很好。丽丽妈妈，真不好意思，我没带好孩子，刚才她的额头碰了一下椅子。丽丽的伤我已经处理好了，您看，用不用去医院再检查？"请家长作决定。当然，如果伤势很严重，应该马上去医院。

教师4：

晚上还要打电话慰问一下，告诉家长："您放心吧，明天我一定好好关注丽丽，丽丽这样，我可心疼了。"说这些话的时候一定要发自内心。并且在第二天丽丽入园的时候，马上问问她现在还疼不疼，老师给吹一吹（或看一看），抱一抱。让孩子知道，老师很关注她，也很爱她。

教师5：

但也不要过分关注，免得让孩子以为老师做错什么了。

教师6：

在平时的工作中，一定要提醒孩子遵守游戏规则，并在健康活动中教给孩子与人交往和自我保护的方法。

最后大家总结出了如下策略：

（1）发生事故后，要马上带孩子去保健室找医生，如果问题比较严重，要马上去医院，并电话通知家长，并且跟家长解释发生事故的原因，要说明是自己没照顾好，平息家长的怒气。

（2）家长来接孩子时，一定要先说："××表现很好，但很抱歉，我没带好孩子。"要放下教师的架子，并主动承担责任。晚上一定要打个电话慰问，并在第二天早上见面时问问情况怎么样。如果伤势严重，要到医院去探望。

（3）处理好持续关注与宠溺的关系。可以关注孩子，但不要过分，目的是观察该事故会不会给孩子带来伤害。

注意事项：千万不要说"孩子没事"，教师不是医生，不可妄下断语。

上述幼儿园的研讨活动很有针对性，并且教师的观点很到位。

（5）做好后续工作。

孩子在园内受伤，如果需要住院或在家养伤，园长和教师都应该经常性地到医院、家中探望，甚至应该担起陪护的责任。

做好孩子受伤的善后工作，其实是幼儿园处理危机的一项攻关工作，处理得好，幼儿园的声誉不仅不会受损，反而会得到提高。

案例分析

案例：孩子被抓伤，你怎么回应？

家长向老师诉说内心的不满情绪："老师，我们家的孩子今天又被同桌抓伤了，这不是第一次了，我心疼死了。这真让人生气。"

这时候，你的回应属于以下哪一种？

A：哦。这件事情我是知道的。那小孩真的是不小心。

B：我知道，他昨天被抓伤了。现在好些了吗？

C：我知道，他昨天被抓伤了。您感到很心疼，很生气。

D：我知道，他昨天被抓伤了。您感到很心疼，很生气。孩子回家是怎么跟您说这件事的？

E：我知道，他昨天被抓伤了。您感到很心疼，很生气。我能理解。我正打算与那个孩子的父母沟通，并准备把沟通结果及具体情况向您说明呢。

分析

上述回应，可以分为如下五个不同的层级：

A水平：对沟通信息没有理解，只有安慰。

B水平：对沟通信息从认知层面进行理解，但是忽视了情绪情感。

C水平：对沟通信息从认知和情感两个层面来理解，但是没有指导。

D水平：对沟通信息全面了解，并给出指导意见。

E水平：对沟通信息全面了解、理解，并给出具体化的指导意见。

主题2　幼儿教师面对突发事件的沟通术

幼儿园是幼儿学习生活的场所。幼儿的免疫力相对较弱，是传染病易感的特殊群体，加上幼儿园人群聚集，流动性大，幼儿之间密切接触频繁，因此，幼儿园一旦有传染源输入，极易发生突发性公共卫生事件。幼儿园发生突发事件，不仅会影响幼儿的身心健康，严重时还会影响幼儿园正常的教学秩序，如被迫停课、停学等。本主题介绍了一些突发事件的针对性防控策略和沟通策略。

一、意外伤害的处理和沟通策略

幼儿的年龄特点决定了他们的动作还不够协调，因此，幼儿在园一日活动的每一个环节都存在着风险，意外伤害难以避免。幼儿的生命与健康安全是幼儿园工作的前提与核心，幼儿园一定要建立完善的意外伤害防范措施和流程化的应急处理与事后补救方法。一方面，要从源头上降低幼儿发生意外伤害的概率；另一方面，要最大限度减少由意外伤害造成的诸多不良影响，保障幼儿的生命与健康安全。有这样一个案例：

离园时间到了，小朋友们陆陆续续随父母离开了班级。老师安排家长还没有来接的小朋友在区域里安静游戏。

年轻的小文老师正和一位家长沟通孩子白天的情况。这时从活动室里传来一阵打闹声，东东和明明正扭打着争抢一支玩具手枪。小文老师立即走上前去劝阻他们，并把两个孩子分别安排到不同的区域里进行游戏，随后继续去接待家长。可是不一会儿，活动室里就传来了一阵哭声，小文老师赶紧跑过去，只见明明趴在地上大哭，一旁站着满脸通红的东东。老师轻轻地扶起明明，一看，明明下巴流血了。小文老师第一次遇到这样的情况，慌张得手足无措，幸亏学年组长张老师及时赶到，把受伤的明明抱到医务室进行了紧急处理，并指导小文老师安抚好东东的情绪，同时把事情报告了园长。

经验丰富的王园长立刻赶到医务室，一边安抚幼儿情绪，一边协调车辆送明明到医院就诊，并安排班级教师通知明明家长。到了医院后，医生说需要缝美容针，但明明家长还在来医院的路上，随行的张老师怕延误治疗，就跟医生说："缝针吧，我们掏钱。"等明明的爸爸妈妈赶到医院时，明明的伤口已经缝合好了。看到明明的伤口，两位家长脸色阴沉，质问老师为什么缝针，谁同意缝针的。张老师满脸诧异，回复说："医生说需要缝针，这样伤口容易愈合，而且费用全部由幼儿园承担。"明明的妈妈激动地喊道："我就是医院的医生，这点小伤在下巴底下并不明显，不缝针也能自己愈合的。但是缝针需要打麻药，对孩子大脑发育不好，我们宁可留疤也不愿影响到孩子的脑发育，你们为什么不和我们商量就擅自做主？"

尽管整个过程中园方承担了所有的医疗费用，园长、班主任老师和当事人小文老师也多次买营养品去明明家中看望，直至明明痊愈。但因为缝针没有征得明明父母的同意，明明下巴上的小伤疤成了幼儿园和家长之间永远的痛。

幼儿在园出现意外时，幼儿园要勇于承担责任，以真诚的态度争取家长的谅解。发生幼儿突发意外伤害后，园方要在做好幼儿救助的基础上，尽快通知受伤幼儿的家长，使其及时知情并能在最短的时间内赶到幼儿身旁，安抚幼儿情绪，参与救治方案的决策，以保证治疗工作顺利进行。

本案例中，幼儿发生意外受伤时，幼儿园虽然采取措施得力，救治及时，但是由于在医生提出治疗建议时，张老师没有将这一情况与家长及时沟通并征得同意，而是自作主张同意医生缝合伤口，导致了家长怒气冲天的质问和不理解。张老师一心想尽快治好明明的伤口，却没有全面考虑到作为监护人的家长意见，违反了"意外伤害事故发生后及时通报家长并征求家长对于治疗方案的意见"工作流程。即使后来明明伤愈回到幼儿园，家长仍然不能原谅教师的行为。直到后来张老师通过对明明回班后的持续关怀和照顾，用关爱孩子的行动感动了家长，才慢慢化解了矛盾，家长也渐渐理解了教师当时的行为是出于对孩子伤口愈合的考虑，最终教师得到了家长的谅解。

案例中的小文老师由于刚参加工作，没有经验，在应对突发意外伤害事件时出现了紧张、害怕、不知所措的情况，幸好学年组长张老师及时赶到并做了送医处理，才没有延误明明的治疗。因此，幼儿园在对新教师进行职前培训时，要把幼儿安全防护及处理这一课作为重要内容，带领新教师与工作人员一起做好各种预案，确保意外发生时能及时有效地处理。在幼儿一日生活中，每位教师都要增强防范意识，真正把幼儿的身体健康和生命安全放在工作的首位。

在幼儿园的一日生活各环节中，保证幼儿安全是一切活动的前提，教师要密切关注每一位幼儿，及时消除安全隐患。一旦发生意外，要冷静面对，及时安抚和处理，避免造成严重后果。

1. 放下包袱，积极应对

面对幼儿的意外伤害，年轻教师经验尚少，导致其在应对这类事件和面对家长的质疑时略显稚嫩。但我们应注意到，幼儿天性好动、交往能力有待提高、动作发展还很不协调，这些都是幼儿易发生磕碰、同伴间易发生争执的客观原因。所以不要慌张，放下心里的包袱，当意外事件发生时，尽快弄清事情的始末缘由，寻求保健医生帮助并及时向园长汇报情况。此外，幼儿在意外事故发生时，一般会比较恐慌，教师要及时安抚幼儿情绪，时刻关注幼儿心情，最大限度地消除幼儿的不良情绪，保证幼儿在接下来的处理流程中积极配合。

2. 及时救助，勇于承担责任

伤害事故发生后，园方要不惜一切代价做好幼儿救助工作。幼儿在园期间，幼儿园是幼儿的管理者和保护者，及时救助受伤幼儿，不仅是幼儿园道义上的责任，也是幼儿园必须履行的法定义务。这种救助义务是无条件的，即不论事故发生的原因是什么、是谁的过错、谁要负责，幼儿园首要的任务都是抢救受伤幼儿。幼儿意外事故的处理主要涉及幼儿园意外事故责任人、班级教师、保健医生，其余部门根据责任人的安排及时配合。事故发生后，各方主体要及时联动，按园方规定的事故处理流程高效应对，遇到特殊情况需灵活处理。

在做好幼儿救助的基础上，园方要第一时间通知家长，使其及时知情并能在最短的时间内赶到幼儿身旁，安抚幼儿的情绪，参与救治方案的决策，以保证治疗工作顺利进行。在与家长沟通过程中，一方面，园方要坦诚地告诉家长幼儿受伤的程度、采取的措施等重要信息；另一方面，当家长出现情绪波动甚至极端情绪时，教师应调整自我情绪，换位思考，真诚沟通，敢于担当，主动承担责任，切忌推诿、含糊或出现过激言语。

3. 重视后续补救工作，重获信任

幼儿意外事故应急处理结束后，教师及园方需完善以下三个方面的工作。

第一，教师与暂未来园的家长及时电话沟通，了解幼儿身体的恢复情况，并亲自登门看望幼儿，表达园方与教师的歉意与关怀。要真心诚意地对家长表达歉意："××爸爸妈妈，实在对不起！由于我们工作的疏忽，让您的孩子在幼儿园受到了伤害，我们深表歉意，请您原谅！"对攻击他人的幼儿家长要明确说明事件的情况，告知被伤害幼儿的受伤情况，建议其主动向受伤幼儿及家长致歉，同时也要好好安抚自家幼儿，避免其因惊慌而造成心理伤害。待幼儿情绪稳定后，再对其进行安全教育。

第二，意外事故处理结束后，幼儿入园时，教师要持续关注幼儿的情绪和身体状况，勤与家长沟通并将观察的结果反馈给家长，让家长感受到教师对幼儿的关心和用心，同时让家长放心，以此进一步平复家长的心情，增强信任感。

第三，及时总结经验，进一步改进工作。教师应与园方意外事故责任人、保健医生沟通讨论，针对此次意外事故分析幼儿意外事故发生的原因，总结较好的处理经验或需改进的处理方法并登记在案，供全园教职工学习。若幼儿受伤是器械的原因，全园则需加强各项安全检查工作，如户外场地的安全、家具设备的安全、玩教具的细小零件问题等。若幼儿受伤是幼儿园管理或教育的问题，全园应加强安全教育，增强幼儿的安全意识。同时，幼儿园应完善规章制度，如接送制度、幼儿随身携带物品的规定等。若幼儿受伤是幼儿自身体质方面的原因，教师要在日常的教育教学中有针对性地增强幼儿的体质，并与家长沟通，共同促进幼儿体质的增强。

4. 注重平时与家长以诚相待，建立良好的关系

在日常的交往中，教师要以诚相待，取得家长信任，与家长建立良好关系，为日后工作的顺利开展奠定基础。比如，对于幼儿在园发生的日常小事和身体、心理的变化，教师要经常主动地向家长汇报，使家长感受到教师对幼儿的关心和关注。每天家长接送幼儿时，教师不仅要注意观察幼儿的情绪，还要观察家长的情绪，使家长感受到教师的热情，和教师成为好朋友，一旦出现问题，愿意主动与教师倾诉、商量。年轻教师更要关注家长平时交代的小事，要重视这些日常生活中的个性化要求，并努力完成。家长感受到幼儿是在一个和谐、愉快、充满爱的班集体中生活，会更尊重教师的付出，同时也会理解教师的良苦用心。

二、传染病暴发的处理和沟通策略

幼儿园突发事件是指在预想不到的情况下瞬间发生的，并且有可能对幼儿和教师乃至幼儿园产生不同程度的损失和影响的事件。突发性传染病暴发就是常见突发事件的一种。幼儿园是幼儿共同生活的地方，幼儿年龄小、抵抗力较差，属于易感人群。幼儿园必须做好控制传染病的工作，保障广大师生身体健康，确保幼儿园各项工作的顺利进行。

季节交替时期是传染病高发期，幼儿园都会给老师们做各类突发传染病的知识培训，还会利用微信公众平台和班级微信群向家长做宣

传和指导。

　　这天吃过早饭后，苗苗二班的小朋友们正在活动室的区域中进行自主游戏。突然，王老师听到"哇"的一声，紧接着一群小朋友相继喊了起来："老师，向向吐了！"王老师急忙走过去，把向向带到卫生间，打来清水让向向漱口，又拿着纸巾为他擦拭嘴角，并摸试额头确定向向是否发热。班级的另一位张老师迅速组织其他幼儿离开活动室，同时保育老师立刻开窗通风，并快速拿出呕吐包按照呕吐物处理流程进行消毒处理。因为此时正处诺如病毒的高发期，所以王老师向保健室报备了这件事。保健医生建议密切观察幼儿情况。

　　接着又有三位小朋友相继发生了呕吐现象。保健医生指导班级按规范处理了呕吐物后，发现其症状均疑似诺如病毒感染，立刻会同班级教师向园长汇报了情况。接到汇报后，幼儿园立刻启动"突发传染病应急预案"。首先向有关部门报备，然后安排教师马上通知家长，将幼儿接离幼儿园进行分散隔离。幼儿园在提醒班级教师密切关注本班幼儿身体状况的同时，要求各班级教师做好疾病宣传工作，在班级微信群里发布题为《诺如病毒来了，我们怎么办——致家长的一封信》，向家长普及诺如病毒的症状、处置方式和预防手段，同时上传了幼儿园食品留样及餐炊具消毒记录照片、班级消毒记录及呕吐物处理等照片。因为感染诺如病毒时的症状特别像食物中毒，幼儿园还提醒教师要注意安抚家长情绪，不要恐慌，如果症状严重要到医院就医。

　　向向呕吐后出现了脱水症状，妈妈带他去医院就诊，向向被诊断为诺如病毒感染。向向妈妈看到医院里还有许多其他幼儿园的小朋友在就医，家长们聚在一起议论，怀疑孩子生病是幼儿园食物中毒引起的，大家义愤填膺地要投诉幼儿园。向向妈妈看到后，急忙与他们解释，将幼儿园宣传过的有关诺如病毒的常识讲给他们。家长们听后恍然大悟，一致认为向向所在的幼儿园家长工作宣传及时、处置工作到位，对幼儿的健康负责。这个事件因幼儿园处置得当，不但及时避免了因个体突发而引发的传染病全面暴发，还消除了可能给幼儿园带来的负面影响及经济损失。

幼儿园教职工培训工作中有一项是传染病应急培训，这是每所幼儿园都应该进行的工作。幼儿年龄小、抵抗力差，在每个季节传染病或流行性疾病暴发时，都难免会有部分幼儿感染或受到传染，幼儿园要采取相应的措施和应急预案，教师更要随时关注幼儿的生理情况并及时与家长沟通。此案例中教师发现幼儿出现呕吐的现象，由于正处于诺如病毒高发季节，教师的第一反应就是诺如病毒感染。教师选择第一时间处理呕吐物，并上报给保健室和园长。接着幼儿园做出相关措施同时立即告知家长，带幼儿居家隔离治疗。班级教师也实时追踪幼儿在家隔离情况，确保其入园后不影响其他幼儿。

幼儿园在面对突发性传染病时要有长效机制，要对全体教职员工、幼儿家长开展常态化健康教育。幼儿园要严格按照《突发性传染病预防与应急措施》要求，做好晨检、因病缺勤追踪登记、空气消毒、餐具消毒工作。在传染病高发期要做到早发现、早报告、早处理，要在最佳时机用最有效的救助方式控制传染病在幼儿园内蔓延。

传染病是能够在人群中或在人与动物之间引起流行的感染性疾病。幼儿园应建立应对传染病暴发的长效机制，在幼儿园中成立突发事件管理小组，并将小组成员按照幼儿园突发事件类型合理分类，将不同专业的人才配置到不同的小组中，并将责任落实到人，如将园中

具有专业知识的医务人员编入传染病处置工作小组中。如突发传染病可按以下流程处理:

1. 及时报告

发现幼儿有传染病相关症状要及时向幼儿园报告,并立即通知传染病处置工作小组。

2. 奔赴现场

传染病处置工作小组接到报告后,应立即做好防护措施奔赴现场了解情况。及时通知疑似传染病幼儿家长,对幼儿病情进行深入了解,并提出解决方法。

3. 启动应急预案

召开传染病处置工作小组成员会议,部署应急工作并做好会议记录,各成员按应急工作内容分工协助,开展各项应急工作并迅速完成"传染病应急预案"。

4. 宣传工作

做好家长工作,做好传染病预防宣传工作。当遇到疑似传染病发生时,幼儿园要及时通知家长,稳定家长情绪,同时也要提高家长对传染病预防的重视。许多家长不知道如何预防传染病,或不理解幼儿园采取的部分措施,针对这种情况,幼儿园可在线上召开传染病预防知识专题讲座,提高家长预防传染病的能力和意识,使家长主动配合执行幼儿园的相关措施。

5. 全面排查

各部门负责人转达传染病处置工作小组的决议及工作方法和要求;观察患儿所在班级有无发热现象,了解缺席原因,以及时采取预防措施;统计疑似人数,报告给传染病处置工作小组,实行日报告和零报告制度，做到早发现、早报告、早诊断、早隔离、早治疗。

6. 现场处理

传染病处置工作小组指导班级教师和保育员开展全面消毒工作，实施具体消毒方案和消毒流程，尽最大努力切断传染源，控制和消除传染病的流传。当情况严重时，请家长将幼儿接走，进行隔离消毒，如不是很严重，班级其他教师组织本班幼儿的学习与生活活动，保育员负责班级的清洁消毒工作。

7. 病情追踪

传染病处置工作小组指导全园教职工做好相关后续工作；各班班主任每天对没有入园的幼儿进行电访了解情况，并将人数报给业务副园长。传染病处置工作小组继续要求各班做好消毒工作；园医把好幼儿晨检关，对治愈后回园的幼儿严格检查，合格方能入园。做好没有痊愈的幼儿的家长工作，确保幼儿继续在家治疗。

三、微信朋友圈危机的处理和沟通策略

现代信息手段使幼儿园的家长工作更加方便、快捷，合理利用信息技术已成为现代教师必备的基本能力之一。微信朋友圈因其快捷且辐射面广的功能而迅速普及，幼儿家长会随时随地通过朋友圈晒孩子在家、在幼儿园的照片并搭配文字，引来点赞无数。微信朋友圈也成为家长向社会传递幼儿在园情况的窗口。微信朋友圈利用得好可以帮助教师高效开展家长工作，如果发现家长利用这一途径向外界传播不利于幼儿园的言论，教师也可以及时了解、及时沟通、及时引导、及时化解危机，维护幼儿园的声誉及教师的名誉。

星期一早上，迪迪妈妈找到李老师，给李老师看已退园一星期的

南南妈妈在微信朋友圈中发送的消息：我儿子南南之前在××园××班，班里的李老师对孩子不负责任，不但把孩子的衣服穿错了，还弄丢了孩子的汗背巾，没想到这所幼儿园老师一点爱心都没有！接下来又有几位家长也向李老师表示，他们也看到了这条朋友圈信息。一时间，家长们议论纷纷。家长们觉得信息不属实，他们眼里的老师是认真负责的。李老师觉得十分委屈，因为事情的真相并不是像南南妈妈微信里说的那样。

这件事情的起因是南南在洗手时不小心弄湿了衣服，自己又没有可以更换的衣服，李老师只好借用了其他小朋友的衣服并帮南南替换下湿衣服。离园时南南由家中的保姆接走，李老师还特意与保姆说明了情况，嘱咐她明天一定要给南南带来备用的衣服，并把别人的衣服带回来。事后因为其他工作，李老师没有继续跟踪这件事情，结果造成了家长的误会。

中午休息时，李老师向园长汇报了情况并寻求帮助。园长仔细地询问事情的原委，建议李老师主动与家长沟通，说明情况，解除误会。但是南南已经退园一周了，园长担心李老师沟通不畅，便亲自拨通了南南妈妈的电话，真诚地向南南妈妈道歉并约南南妈妈来园面谈。

南南的妈妈如约而来，园长又请来了李老师，三个人面对面进行了沟通。李老师将叠得整整齐齐的汗背巾交给南南妈妈，并说明因为汗背巾上没有标注幼儿姓名，所以教师没有及时将物品交给家长的情况，然后诚恳地向南南妈妈道歉，深刻检讨了因自己工作不细致，没有及时沟通而造成误解的问题。园长也从管理的角度向家长表示了歉意。南南的妈妈听后面露歉意，表示自己和南南的爸爸工作很忙，保姆传话也很模糊，误认为南南穿错了衣服一定是老师不负责任造成的，所以一气之下就发了朋友圈，自己的这种做法很是鲁莽，并主动删除了该条信息。

案例中，李老师在得知家长发了情况不实的朋友圈后第一时间向园长上报，并说明情况。园长建议教师和家长先行沟通，但担心沟通不畅，园长亲自联络家长并进行约谈。在园长和教师诚恳态度的感召下，了解了实情的家长删除了朋友圈，并为自己的莽撞行为道歉。由于发现及时、沟通及时、误解化解及时，这场乌龙没有给幼儿园和教师造成不良影响。

微信朋友圈作为一种广泛使用的交流工具，对高效开展家长工作有较大的益处。教师可以从家长发的朋友圈中了解幼儿在家的学习与生活情况，从而增加师幼交谈的话题或内容，增进师幼感情；教师可以从家长上传的照片或小视频中了解幼儿的相关情况，进而更准确地分析每位幼儿的天赋和潜能，给予家长和幼儿更合适的指导，让孩子得到更富有个性化的发展。教师在实践中要充分发挥其积极作用，以扎实的专业知识解决孩子成长中的问题，借此赢得家长的信任与支持，从而更好地推进家长工作的开展。

本案例展现了信息时代幼儿园家长工作遇到的新问题，这些问题是信息时代飞速发展给幼儿园带来的，也是幼儿园必须面对的。之前不少教师都很困惑，怎样才能更好地与家长沟通交流，现在微信朋友圈恰好提供了这样一个更有效、更方便的沟通工具。微信朋友圈在即时交流上有明显的优势，教师可充分发挥它在提高家校密切联系上的作用。幼儿园应利用各班级家长微信朋友圈传播正能量，给予幼儿家长正面引导。下面从两个方面来谈一谈幼儿园如何应对信息时代出现的新问题。

1. 如何建立及维护班级家长微信群

随着微信的广泛应用，"家长微信群"已成了每个班级不可或缺的交流平台。教师会通报幼儿在园情况、发布重要通知；家长有疑问也会在微信上与教师及时沟通。但是如果维护不好，微信群偏离了建立的初衷，则会给家长和教师带来很多困扰。

（1）建立班级家长微信群的人最好是班级教师，也可以是值得信赖的家委会成员。建群之初，教师要和家委会成员进行沟通，以得到他们的支持。

（2）建立班级家长微信群前要告知每位家长相应的规则。比如，家长微信群中禁止发布封建迷信、反社会等言论，或进行产品宣传、发广告；每个家庭的家长不经允许不能随意添加其他家长；家长个人私事不要在家长微信群中发布，避免占用公共空间。

（3）教师及家委会成员要共同维护班级公共空间，在家长微信群中进行正面宣传，以提高家长科学育儿能力。

2. 如何处理幼儿园网络危机

幼儿园建立班级微信群也会遇到极端事件，那么如何处理班级家长微信群危机事件也是我们应该思考的问题。

（1）制订网络危机处理应急预案。在制订幼儿园的各类应急预案时要考虑到制订网络危机应急预案，以便教师在发生突发网络危机事件时能按照相应的预案进行处理，不至于手忙脚乱，从而使幼儿园蒙受损失。在网络危机发生后，班级教师要及时将事情上报给园长并与领导商讨后，采取有效的方式，积极与家长沟通，避免因误解而产生矛盾，造成恶劣影响。

（2）幼儿园的微信公众号是向家长开放的公共平台，幼儿园邀请幼儿的家长进行实名注册，才能登录网站。在每一届新生家长会上，教师要介绍幼儿园的网站、微信公众平台等网络沟通的途径，呼吁家长以文明的方式积极参与，为幼儿做好榜样。

（3）幼儿园要重视微信公众平台的管理，幼儿园网络管理员要做好信息维护和安全维护工作。班级教师要时刻关注班级家长朋友圈的动态，便于不实事件发生后第一时间进行处理，避免造成不良的影响。在处理棘手的网络危机事件时，可以发挥家委会作用，从家长的角度进行劝阻和说明。

四、家长质疑性投诉的处理和沟通策略

当家长对幼儿园的服务不满意时，投诉现象就会出现。有时，家长也会因幼儿出现的一些异常情况对幼儿园的服务产生质疑或异议，从而选择到幼儿园投诉。所以，幼儿园要建立健全规章制度，做好准备，随时以正确的态度接待及处理家长的投诉。

星期六的下午，李园长接到这样一个电话："你是幼儿园李园长吗？我现在在你的幼儿园，请你马上到幼儿园来，有些事咱们需要当面说。"李园长当时感到很是奇怪，"您是哪位家长？是孩子发生什么事情了吗？""我是小一班可乐妈妈，一小时之内你不到场，我就报警！"放下电话，李园长马上联系小一班班主任赵老师，仔细询问可乐在近段时间里是否有异常情况，并请赵老师一同去见可乐妈妈。

来到幼儿园时，可乐的父母已经在幼儿园大门口，阴沉着脸怒气冲冲地等待着。李园长急忙走上前，拉住可乐妈妈的手说："可乐妈妈对不起，让你着急啦！咱们去办公室说说吧。"原来孩子昨晚睡觉

前一直吵着说耳朵疼，妈妈着急地问："是不是小朋友打的？"孩子一直摇头。

妈妈又追问："那是不是老师打你啦？"孩子一会儿摇头，一会儿点头。

妈妈这下可急了："老师咋打的？用啥打的？"

孩子晃着头说："别问了，老师用书打的！"

"一大早我们就去了医院，大夫说是中耳炎，孩子没发烧怎么能得这种病，肯定是被老师打的，不然我家可乐不会这么说！"可乐妈妈激动地吵着。接着可乐爸爸又提出要看幼儿园的监控录像，确定当时的情况。

听了家长的讲述，园长知道这是一起由家长对老师行为产生质疑而引起的一次投诉。中耳炎一般是由感冒引发的，但家长的引导式询问，让3岁多的孩子不能准确说出事情的真实情况，家长坚信孩子不会说谎，所以对老师产生质疑，指责老师出现职业道德问题。但是赵老师确定自己没有做过任何违反职业道德的事情。

园长请家长来到监控室，一起回放了小一班星期五的全天视频。家长细致地观看着，有些镜头还反复地回放，整个过程园长和老师都在耐心陪同并适当地讲解着。随着视频的回放，家长的情绪也逐渐舒缓下来。视频中的教师一直耐心地陪幼儿活动，根本就没有出现过老师打孩子的行为。但园长还是关切地询问："中耳炎是感冒病毒引起的感染，可乐这几天有没有感冒呀？"家长说："孩子是有点流鼻涕，但是不发烧呀。"就在这时，可乐奶奶打来了电话："快回来吧，孩子发烧了，快39℃了！"可乐妈妈马上起身，急匆匆地说："园长，孩子发烧了，我得先走了。"

之后的几天里，园长嘱咐赵老师每天打电话询问可乐的情况，赵老师还带上礼物去探望可乐。可乐生病的原因找到了，妈妈感到非常抱歉。这时候老师及时地和可乐妈妈聊起了"三岁幼儿想象式说谎行为"的心理现象，指导家长如何正确辨别并给予引导，可乐妈妈听了频频点头。

可乐的病好了，妈妈送可乐来园时还给幼儿园送来了一面锦旗，对之前冲动误解行为表示歉意。一场因误会而引起的家长投诉就此化解了。

这是一起典型的质疑性投诉事件。家长因幼儿身体不舒服，加上对幼儿"诱导式提问"下的回答"偏听偏信"，对教师产生了误解。案例中当家长投诉时，园长表现得大度、宽容，在认真反思与查找证据后，客观分析家长产生误解的原因，了解家长在哪方面对教师产生了误解，并以真诚的态度与家长沟通，帮助家长解决问题，化解了矛盾。其实沟通最难的不是如何把自己的意见、观点说出来，而是在于如何耐心地倾听家长的心声。

教师在同有"质疑"的家长交流时，要善于体谅家长。家长对教师产生误解都是缘于对幼儿的爱，他们绝不会故意地找麻烦、寻事端。当家长因某些错误的想法和看法而情绪激动、爆发脾气的时候，教师要有耐心，要控制好情绪，用积极和友好的态度说明"我也同样爱您的孩子"，要善于说些让家长感觉温暖的话，进而增进彼此的情感，尽快消除误解。教师平时也要主动、直接、经常与家长沟通，这样可以减少误解的产生。

日常工作中，教师要严格遵守职业道德规范，把握好自己的言行，守住原则和底线，平等、公正地对待每一位幼儿。面对家长的不合理投诉，教师要学会用正确的态度对待，要表现出内心冷静、心平气和，要做到对家长的质疑耐心倾听，用专业的理论与家长进行沟通。

幼儿园家长的各类投诉很多，园长和教师应做好充分的准备，随时以正确的态度来接待处理家长的投诉。

1. 建立家长投诉制度

幼儿园应制定家长投诉流程，将处理家长投诉形成制度，全园教职工严格履行制度，认真处理每一起家长投诉。

（1）接待家长投诉流程。

对家长致歉及致谢——详细记录家长问题——向家长阐明幼儿园相应制度——向家长讲解处理结果及原因。

第一，对家长致歉及致谢。家长进行投诉或提出问题，是对幼儿园现有工作的不满意，无论是园长还是教师，都要在接到家长反映的第一时间向家长道歉：对不起，我们工作不到位，请您原谅。紧接着，就要致谢：真的很感谢您能给我们提出来，这样我们才能尽快发现不足，尽快改进。

第二，详细记录家长问题。这个过程最好当着家长的面，用笔或录音，把家长反映的所有问题详细记录下来，记好以后口头跟家长重复一遍，取得家长的确认，并进行提问：这些是您反映的问题吗？还有其他的吗？

第三，向家长阐明幼儿园相应的制度。向家长详细说明幼儿园与家长反映的问题有关的制度，同时向家长表明态度：幼儿园虽然有这样的制度，但由于您反映的问题比较特殊，幼儿园会具体考虑，尽快给您满意的答复（最好给出具体时间，如一天内或两天内）。

第四，向家长讲解处理结果及原因。最好由当事人（比如幼儿所在班级的教师）出面，为家长讲述处理结果及幼儿园这样处理的原因。

（2）解决家长投诉流程。

园长分析家长投诉——将家长的问题转化成合理化建议——园长进班调查具体情况——园长与当事人协商解决办法——幼儿园进行相应制度调整。

第一，园长分析家长投诉。园长分析家长的投诉内容，整理出投诉中共包含了几个问题并分类，分析幼儿园是否在相关方面建立了相应制度。

第二，将家长的问题转化成合理化建议。凡事都有两面性，有时候问题就是机会，事业的发展就是不断解决问题的过程。所以，将家长的问题看成建议，有可能自然产生解决的办法，同时有助于幼儿园管理水平的提高。

第三，园长进班调查具体情况。分管园长进班与当事人交流、沟通，深入了解当时的具体情况，与家长的投诉对比分析，尽可能全面、客观地掌握具体情况。

第四，园长与当事人协商解决办法。分管园长将家长投诉内容及分析结果反馈给当事人（班级教师），并听取教师意见，与其共同协商解决方法，拟订解决方案。

第五，幼儿园进行相应制度调整。幼儿园针对家长的问题，适当调整相关的制度细则，进一步完善管理制度。

2. 以正确心态面对家长投诉

（1）正常心态。

幼儿园作为面向大众的服务机构，面对着各种各样的家长，自然会产生各种各样的需求，无论家长是出于什么原因来幼儿园投诉，都在情理之中。作为管理者或当事人，既不要为此过分忧虑，也不要想方设法回避问题。要学会把处理家长的投诉看成一项基本的工作。

（2）重视心态。

无论家长由于什么原因产生什么投诉，幼儿园都要认真对待，给予高度重视。这表明了幼儿园对工作和家长的重视。

（3）紧迫心态。

问题拖得时间越长，家长的不满就会越严重。要在最短的时间，拿出解决问题的办法并取得家长的认可。问题解决得越快，家长的满意度越高，这种高满意度，往往会让投诉家长转变为幼儿园的积极拥护和支持者。

此外，面对家长的合理投诉，我们应该做到以下几个方面：

一是要保持良好态度。首先，教师应做到认真倾听，让家长把不满情绪倾诉出来，并对没有及时处理问题表示歉意。其次，要了解家长生气背后的真实原因，利用可用资源找到最佳解决途径，切记不要在电话里与家长争辩，说一些不利于解决问题的言语，一定要当面解决。

二是不要急于解释。幼儿受伤后，幼儿园要敢于承担，负起责任，努力求得家长的谅解和理解。处理得好就会再次得到家长的认可，提高教师、幼儿园在家长心目中的地位。

三是要选择家长信赖的教师解决矛盾。幼儿在幼儿园受伤后，无论受伤的程度如何、原因如何，教师都要第一时间与家长沟通，表达歉意，平复家长的忧虑情绪。选择家长信任的教师来沟通，运用长时间建立起来的信任和情感，可以使家长"不看僧面看佛面"，从而达到化解矛盾的目的。

在幼儿园里会出现许多矛盾，幼儿之间、家长之间、家长与教师之间，很多矛盾的产生表面上看起来是一件很小的事，但是平时一个个细小的问题积累在一起，最后结成了宣泄不满的导火索。当今社会的法制日趋健全，家长的维权意识日益增强，当家长对幼儿园的教育服务感到不合理时，他们有权拿起法律的武器，维护自己的权益。幼儿园面对家长的投诉时，一是要重视，在合理范围内帮助家长解决问题；二是要感谢家长为幼儿园提出宝贵意见，使幼儿园管理不断完善。

总之，家长向幼儿园投诉的问题，大到幼儿受到人身伤害，小到幼儿尿湿了裤子没有换，其实都是针对幼儿园的管理工作提出的。出现了问题，除了不可抗因素外，很多都是幼儿园的管理不到位造成的。而家长投诉，正是有针对性地对管理工作的某个环节敲响了警钟；幼儿园对投诉的及时、妥善处理的过程，正是幼儿园提高、完善管理工作的过程，也是提高教职工的认识及工作能力的过程。

案例分析

案例：毛毛额头磕破了

班主任韩老师去外地出差学习刚回到家，就接到了同班小徐老师的电话。小徐老师哭着说毛毛的爸爸要到幼儿园投诉她。

前一天，毛毛在取午餐时一不小心摔倒了，额头磕在了桌子上，磕出了一个大青包。小徐老师马上带着他去保健室做了冰敷。到了下午，磕伤的地方消肿了，留下一些青紫的痕迹。因为班里缺了一位老师，小徐老师一直都在忙，看到毛毛没什么事，就没放在心上，离园时也忘记把这件事和家长沟通。结果毛毛回到家后一直说头晕，还出现了呕吐状况，家长怀疑是磕伤导致了脑震荡。家长往班级打电话要找班主任韩老师反映这个情况，小徐老师生硬地跟家长说韩老师在外地学习，有什么事就和她说。家长认为小徐老师的态度生硬，说第二天就来幼儿园投诉。

第二天，韩老师刚到幼儿园，就被园长叫到了会客室。一进门，就看见毛毛爸爸阴沉着脸坐在那里。韩老师马上跟毛毛爸爸道歉："对不起毛毛爸爸，是我们工作不细心，让孩子受伤了，我特别心疼！又没及时与您取得联系，是我们工作的失误，请您原谅！"毛毛爸爸脸色有些缓和下来，老师继续说道："毛毛现在怎么样了？磕伤的地方还肿吗？我们现在就去医院给孩子做个全面检查吧，医药费我来出。"毛毛爸爸看到韩老师真诚地道歉，缓缓地说道："我们昨晚已经领孩子检查了，医生说头晕和呕吐是由感冒发烧造成的，不是脑震荡。我来投诉，是因为发生磕碰后，老师没有第一时间和我们沟通，我们对孩子的情况一点都不知道，打电话询问时小徐老师又是那个态度，我们怎么会不生气！"韩老师表达了对家长的理解，又把小徐老师叫来，一起给家长诚恳地道歉。晚上下班后两位老师带上礼物一起去看望毛毛，小徐老师还陪着毛毛玩游戏、读绘本。毛毛开心的笑声，最终解开了家长的心结。

分析

　　此案例中家长的投诉是合理的行为。年轻的徐老师在忙乱的工作中，忽视了对受伤幼儿的关注，又没有及时与家长沟通，导致家长怒火中烧，使矛盾升级。幸好被家长信任的主班韩老师真诚地向家长道歉，并积极想办法给家长消除怒火，做了补救工作，下班后还主动探望受伤的毛毛，陪伴毛毛游戏，让家长感受到了老师对孩子的关爱，误会才就此消除。这件事对徐老师来讲是一个很好的教训。一旦幼儿在园突发磕碰事件，教师一定要根据受伤程度第一时间和家长如实沟通，完整讲述事情过程。若不需要去医院救治，要在电话中说明情况，并在家长来接幼儿时再次与家长说明情况，表达歉意，避免家长因对幼儿受伤的原因和伤势不了解而发生矛盾冲突。